A PHILOSOPHY OF DIRT

肮脏哲学

（芬）奥利·拉格斯佩兹——————著　沈敏一——————译

華中科技大學出版社
http://www.hustp.com
中国·武汉

图书在版编目(CIP)数据

肮脏哲学/(芬)奥利·拉格斯佩兹著;沈敏一译.—武汉:华中科技大学出版社,2021.4
ISBN 978-7-5680-6938-0

Ⅰ.①肮… Ⅱ.①奥… ②沈… Ⅲ.①哲学-通俗读物 Ⅳ.①B-49

中国版本图书馆 CIP 数据核字(2021)第 042904 号

A Philosophy of Dirt by Olli Lagerspetz was first published in English by Reaktion Books, London, 2018. Copyright © Olli Lagerspetz 2018.
湖北省版权局著作权合同登记图字:17-2019-262 号

肮脏哲学
Angzang Zhexue

[芬]奥利·拉格斯佩兹 著
沈敏一 译

策划编辑:薛 蒂
责任编辑:孙 念
封面设计:三形三色
责任校对:李 弋
责任监印:朱 玢
出版发行:华中科技大学出版社(中国·武汉) 电话:(027)81321913
武汉市东湖新技术开发区华工科技园 邮编:430223
录 排:华中科技大学惠友文印中心
印 刷:武汉精一佳印刷有限公司
开 本:880mm×1230mm 1/32
印 张:8
字 数:172 千字
版 次:2021 年 4 月第 1 版第 1 次印刷
定 价:49.80 元

目录

第一部分 “肮脏”与“干净”的哲学图景

第二部分 “肮脏的”与“被禁止的”:人类学还原论及其局限

第三部分　算一算物质的账

第一部分

『肮脏』与『干净』的哲学图景

“在自身之内的事物”，正如“在自身之内的感觉”“在自身之内的意义”一样不合情理。“在自身之内的事实”是不存在的，因为在它们成为“事实”之前，总是必须要有人赋予它们意义。

“这是什么？”这个问题是一种从其他事物的角度来看待意义的决心。“本质”“真实的本性”是从某一视角看待问题，它已经预设了多元性。归根结底，总会有这样的问题：“这对于我（对于我们，对于一切活着的事物等）来说意味着什么？”简而言之：事物的本质是对“事物”的又一种看法。更确切地说，“它被当作是什么”，就是真正的“它是什么”，也是唯一的“它是什么”。

尼采，《权力意志》①

① Friedrich Nietzsche, *Der Wille zur Macht*, in Friedrich Nietzsche, *Werke*, Band xvi (Leipzig, 1911), § 556, pp. 60-61. 作者自译。

第一章 哲学与文化中的"肮脏"

我们之所以不能理解，主要根源在于我们没有看清楚我们对词的使用。——我们的语法缺乏这种清晰性。清晰的表达能导致理解，而理解恰恰在于我们"看出联系"。因此，对中间环节的发现和发明是至关重要的。清晰的表达这个概念对我们有极其重要的意义。它标志着我们的描述形式、我们观察事物的方式。(这是一种"世界观"吗？)

维特根斯坦，《哲学研究》[1]

---

① Ludwig Wittgenstein, *Philosophical Investigations*, ed. G. E. M. Anscombe and G. H. von Wright, trans. G. E. M. Anscombe (Oxford, 1953), Ⅰ: §122.(中译本参见《哲学研究》，涂纪亮译，北京大学出版社，2012。——译注)

Homo sordidus：肮脏的和干净的动物

Homo sapiens（智人）同时也是 Homo sordidus（脏人）——不仅仅是理性的动物，同时也是肮脏的（和干净的）动物，这种动物的生活在许多方面都被肮脏和干净的观念规定着。① 从我们目前的知识状况来看，干净与肮脏——就如同神圣与亵渎，熟悉与陌生，是与非——构成了一个组织原则，它普遍适用，并且至少有可能在每个人类社会中以某种形式存在。它无处不在，类似于维柯（Giambattista Vico）所说的宗教、婚姻和葬礼的普适三位一体，或者 T. S. 艾略特所说的"出生、交配和死亡"。②

现有的人类学材料已经足够有说服力了。然而，我认为重要的并非某些习惯普遍存在这个显而易见的事实，而是我们期待从中发现普遍性。例如，有可能存在着某种文化，那里的人不知道汤的概念；但是，我们甚至无法想象会有这样一个地方，那里完全没有对与错、真与假，以及家庭、宗教、葬礼——抑或肮脏、干净这些概念。请注意，这并不是因为人类的本性不知何故永远排除了这种可能性，

① 与 Huizinga 的 Homo ludens 这个概念相比较，意思是玩耍和讲笑话的人；见 Johan Huizinga, *Homo ludens. Versuch einer Bestimmung des Spielelements der Kultur* (Amsterdam, 1994)。

② Giambattista Vico, *Scienza Nuova*, § 332-3. 对维柯和艾略特的引用来自 Peter Winch, "Understanding a Primitive Society", in Peter Winch, *Ethics and Action* (London, 1972), pp. 8-49, at pp. 44, 47。

而恰恰是因为，若非有某些限定性的观念，人类社会之存在似乎就毫无可能。“如果他们连这个观念都没有——那么他们还能有什么观念呢?”因此，尽管我们希望在不同的文化中找到对肮脏不同的容忍程度以及各种清洁方法，但如果想去找到一种完全缺失干净和肮脏的分类的文化，我们则无能为力。我们要么质疑这种报道的真实性，要么就提出反驳，认为它绝不是我们所说的文化，而是别的东西：如一个临时的团体，里头是因船只失事而迷迷糊糊的个体。①

有关人类文化的本质这个问题又分为三个问题：人类社会究竟发生了什么？还会发生什么？最后，我们所谓的人类文化，其边界在哪里？在写这本书时，我首先想到的是第三个问题。并不是说某些普遍文化习俗总是固定不变，就仿佛人类文化之表现方式的溪流变动不居，而流经的河床却始终固定。② 相反，我们对人类生活方式的反思，以创造文化习俗的方式，引导着我们的理解。但我们——你和我——也是人。看看人类是如何看待其他人类的，这也会告诉我们人类究竟是什么样的动物。

这显然也适用于我们如何看待干净和肮脏的分类。假设我们遇到了一个人，他看上去连一丁点干净观念也没有。我们不仅会认为他的状况令人深感不安，而且还会认为他缺少一种基本的人类特

① 换句话说，我的出发点是，人类正常的自然居住地是一个文化的环境。如果我们想把“自然”这个词完全应用在人类身上，那么每个人对每个人的无节制的战争——托马斯·霍布斯用“自然状态”这个词来美化的战争——必须被描述为非自然的。在一个自然状态占据主导的地方，内战或其他过去的灾难的背景不可避免地显现出来。

② Cf. Ludwig Wittgenstein, *On Certainty* (New York, 1972), §§96-9.

性——这远比纯粹的智力缺陷要更严重。让我们在这里简单地记住这些因素对于塑造和瓦解人类社会的作用。乔治·奥威尔(George Orwell)有句名言:与跟你意见相左的人交朋友是可能的,但与气味难闻的人交朋友则绝不可能。如果你想煽动种族屠杀,你最好先把目标群体描述成肮脏不堪的,于是他们也便不是人了。

这样的事实既不能证实也不能否证存在着一种不变的人类本性,因为不能排除未来或过去的未知变化。然而,审视一下我们对人类本性的期望,却是可能的。如果没有肮脏与干净的分类,人类文化似乎完全不可想象。另一方面,我们对这些分类太熟悉了,可能导致了我们很难对此给予关注。正如路德维希·维特根斯坦(Ludwig Wittgenstein)所说,"对我们来说最重要的那些事物,因为它们的简单和熟悉而被遮蔽。"[①]我们不知道是谁第一个发现了水,但我们有理由相信不是鱼发现的。

关于某某哲学,特别是,肮脏哲学

图书馆里已经有那么多关于肮脏和不干净的论著,为何还要再添一本?除了有着明显的怪异吸引力之外,还有些什么哲学上的好理由呢?

干净和肮脏的区分在每种文化中都存在,但就我所知,火的使

① Ludwig Wittgenstein, *Philosophical Investigations*, Ⅰ: § 129.

用也是如此。然而，我们似乎并不需要什么“火的哲学”，更不需要“茶杯哲学和秃头站长哲学”——这是引用自科林伍德(R. G. Collingwood)《某某哲学的观念》一文中的注释。[1] 科林伍德的主张是，哲学(与民族学相反)只处理这样的概念，即原则上适用于一切实存的事物的概念，或者适用于一切我们所思所做之事的概念。因此，不存在茶杯哲学，而思想、行动、艺术、科学和历史等概念是哲学的真正主题。无论如何，火在人类文化中的普遍性在某种程度上似乎是偶然的，而干净和肮脏的概念却不是。人类也许可以用其他方法来满足他们对取暖、烹饪和防卫的需要。与此相反的是，正如我稍后会详细讨论的那样，只要存在着文化，只要存在着系统性地把自然变为人造现实，干净(洁净)和肮脏(污染)的概念就有适用于所有地方的可能性。肮脏和干净是科林伍德意义上的“先验者”；我们不从某些特定的事物类别中提取这两个概念，但它们的确是我们可以应用于所有实在的东西。[2] 因此，对肮脏概念的哲学研究正是“肮脏”视角下的哲学(文化哲学、哲学人类学)。

有一个具体的原因，使得这类研究特别具有指导意义。哲学以传统的二分法来开展，如精神相对于物质、事实性相对于规范性、客观相对于主观。肮脏的概念似乎不能归于哲学二分法的任何一方。

---

① R. G. Collingwood, ‘Preliminary Discussion: The Idea of a Philosophy of Something, and, in Particular, a Philosophy of History (1927)’, in R. G. Collingwood, *The Idea of History: With Lectures*, 1926-1928, revd edn, ed. Jan van der Dussen (Oxford, 2005), pp. 335-58, at p. 351.

② 科林伍德称那些“适用于一切存在的事物”的概念为“先验的”。(Collingwood, “The Idea of a Philosophy of Something”, pp. 351-2)茶杯的概念“只适用于某类事物，而不适用于其他事物”(第352页)。

例如，描述肮脏及其对物体的附着，很明显是在描述物质实在。但“肮脏”并不是一个物理学概念，虽然物理学被认为是关于物质实在的唯一科学。在这一点上，就让我提个建议，我们不要再试图把圆块强行塞进方形的开口里。

核心问题是，我们目前的知识文化推行一种对物质的简单化理解。我们对物质的多种概念与物理学上的概念并不一致，而这些概念也是自成一格的，这两点总是被遗忘。从物理科学的角度去研究物质是合法的，从人类存在的角度去研究物质也是合法的。

那么，有一种回应认为，不用去管任何对物质的主观看法，实在有且仅有一个，什么东西是真正实存的，这个问题仅仅是一个科学问题，对此我们该如何看待呢？

这类宣言表面上很有吸引力，但它们的含义可能并不十分明晰。自然科学在总体上正确地理解了物质——如果我们补充一些前提的话：如科学技术的水平在不断变化，不同的自然科学并不完全相同，其他科学（人类和社会科学）是对自然科学框架之外的现象的合法探究——这一点会很容易得到同意。此外，诸如艺术、文学和宗教等非科学活动也可能给我们提供关于实在的宝贵洞见。只有“唯一”实在这句话与其说是错误的，倒不如说是费解的。“实在”并不是苹果之类的东西，也不像大熊猫，你不能试图去追踪到底有多少，或许有一天得知只剩一只时，你会吓一跳。“实在只有一个”，这是一句口号，是对战斗的号召，而在这令人费解的表面之下，是一个极容易理解的论断：如同我们所知道的那样，哲学死了，一同死去的还有宗教、文学和其他任何一种智性追求，除了经验科学这种最乏味的例行公事之外。至少在提出这一口号的人的生活中，情况很可能是如此的。

在如今的哲学和科学中，肮脏所处的边缘地位，似乎不应该完全怪在假道学头上。这一点反映了一种对本体论和实在本质的特定研究方法，它在现代理论思想中被普遍信奉。但我们将会看到，在西方哲学和科学的本体论最初形成的过程中，肮脏的本质这个问题影响深远。因此，现在肮脏作为一个哲学主题重新出现，并非是全新的发展，而是标志着一种不那么片面的哲学饮食（philosophical diet）的健康回归。①

对古板思维方式的反抗

从本能上和艺术上捍卫肮脏并不是一个孤立现象：它与批判现代主义所崇拜的干净、理性、卫生、空气和光亮的理论思想密切相关。批判的趋势毫无减弱的迹象，而艺术和理论方法的共生关系现已牢牢地确立。② 现在，肮脏的事物是真实的生活，干净的事物则是不自然的，而我们对干净的渴望则凸显为对生命本身的恐惧，这里依

① François Dagognet, *Rematérialiser. Matières et matérialismes* (Paris, 1985).

② 例如，2011 年 3 月 24 日至 8 月 31 日在伦敦 Wellcome 收藏展上举办的"肮脏：日常生活的污秽现实（Dirt: The Filthy Reality of Everyday Life）"展览，随展览一起，还举办了一场跨学科专题讨论会以及汇编了一本文集，*Dirt: The Filthy Reality of Everyday Life*, ed. Nadine Monem (London, 2011)。

据的原则是,“所有活着之物都是脏的,所有干净之物都是死的。”①

20世纪中期的一些反乌托邦文学作品——如阿道司·赫胥黎(Aldous Huxley)的《美丽新世界》(*Brave New World*)——早已对现代主义的白日梦提出了质疑。故事被设定在未来,那时候一个因医学技术发展而完全没有冲突的社会就快要实现了。有一些生活在文明之外的人待在一个充满敌意的沙漠中,对于文明中心那些更复杂也更脆弱的灵魂来说,这似乎是一种威胁,却也有着一种奇怪的吸引力。道德教训就是,我们永远无法创造完美的社会,除非我们放弃更有价值的东西——真实性,而真实性只能通过认识到生活的复杂性和模糊性来保持。

在理论层面上,对现代主义的厌恶意味着对理性的怀疑。当然,借助现有的学术工具,想要去驳斥这种怀疑十分困难。这场比赛的规则没有统一。对肮脏的浪漫主义情怀本身就是一种学术产品,但当一名学者猛烈抨击学术界时,他会同时扮演局内人和局外人的角色,因而从两方面都能捞到好处。②“前线”这种修辞模式让我们想起了艺术战争。失败、保守的一方是常规古板思维的捍卫者。站在胜利、进步的一方的是批判性的思想者,他把自己从幻想中和强迫症中解放出来(这种强迫症根植于普通人对陌生者和他者的恐惧)。

---

① André Comte-Sponville, *A Small Treatise on the Great Virtues: The Uses of Philosophy in Everyday Life* (New York, 2003), p. 174(作者没有提到任何活着的事物也会死去)。

② 例如 Julia Kristeva, *Powers of Horror: An Essay on Abjection* (New York, 1982), p. 210。

肮脏作为解放

对肮脏和接触传染的恐惧不断被用于政治用途。有研究表明，20 世纪早期的卫生运动和当时的种族纯洁运动之间有着直接的延续性，其目的是清除国家政体中的干扰因素。政治哲学家玛莎·努斯鲍姆(Martha Nussbaum)曾指出，洁净的观念对于压迫妇女和性少数群体起了重要作用。历史学家克劳斯·特韦莱特(Klaus Theweleit)研究了纳粹的先驱者对性、意识形态和种族纯洁的想象。而更令人警醒的是，社会学家齐格蒙特·鲍曼(Zygmunt Bauman)阐明了清洁与种族清洗之间的联系。①

当发现各种典型的人类情感和态度被当作邪恶用途时，没有人会感到惊讶。有人可能会问，是否有可能找到某些绝无可能被滥用的人类特质？举个例子，笑声和笑话可能会促进团结，但也会产生敌意。那些以爱和美德之名而让他人在火刑柱上受折磨的人，谁又能数得清有多少呢？因此，我们应该深究一下那种广泛传播的观念，即不仅仅肮脏和干净的观念可能会被滥用，而且清洁与压迫之

① Zygmunt Bauman, *Postmodernity and Its Discontents* (Cambridge, 1997); Martha C. Nussbaum, "Secret Sewers of Vice": Disgust, Bodies, and the Law, in *The Passions of Law*, ed. Susan Bandes (New York, 1999), pp. 19-62; Klaus Theweleit, *Male Fantasies*, vol. 1, trans. Stephen Conway (Cambridge, 1987); also see Comte-Sponville, *Small Treatise*, pp. 174-5. 鲍曼的书名《后现代性及其缺憾》(*Postmodernity and Its Discontents*)显然是影射了弗洛伊德的《文明及其不满》(*Civilization and Its Discontents*)。

间的联系也要密切得多。

根据努斯鲍姆的说法，我们对清洁的关注——至少在当今的西方文化中是如此——代表了一种对生命怀有固有敌意的倾向。在她的文章《“邪恶的秘密下水道”：恶心、身体和法律》（“*The Secret Sewers of Vice*”：*Disgust*，*Bodies*，*and the Law*）中，努斯鲍姆对恶心进行了分析。[①] 她显然希望她的分析更广泛地适用于清洁卫生，因为总的来说，她暗示我们与肮脏的关系是从恶心感中得知的。[②] 她的论文之所以有趣，主要是因为，尽管她来自讲英语的分析哲学传统，并在总体上仍接近当今北美政治哲学的主流，但她提出的观点与欧洲大陆对于“卑贱物”的争论中表达的观点非常相似。努斯鲍姆的文章中有一部分是批评在法律理论中使用“恶心”作为论据，尤其是保守派倾向的理论家和法官。她的政治诊断可能与她对恶心的一般分析无关，用不着我们过分关注。就眼下的目标而言，更有趣的想法是，努斯鲍姆认为，我们当前对清洁的高度关注，是和我们体现出来的对动物本性的拒斥联系在一起的。[③]

在对作为一种情绪的恶心感进行分析时，努斯鲍姆部分借鉴了

---

① Nussbaum，“Secret Sewers of Vice”.

② 作为日常生活中如何表达厌恶的例子，努斯鲍姆提到了这样一个事实：“我们清洗我们的身体……用牙刷和漱口水洗掉自己的臭味，在没有人注意的时候闻自己的腋窝”（ibid.，p. 20）以及“清洗和处理废物的能力”（p. 24）。她将“关注清洁”与恶心感联系起来（p. 31）。

③ 科林·麦金恩（Colin McGinn）和努斯鲍姆一样，都宣称“恶心感是我们认识到必死性之后，用自己的方式象征性地把这种洞见压制下去”。Colin McGinn，*The Meaning of Disgust* （Oxford，2011）. 对此书的评论见 Nina Strohminger，“The Meaning of Disgust：A Refutation”，Emotion Review，vi/3（2014），pp. 214-16。

威廉·米勒(William Miller)的《剖析恶心感》(*The Anatomy of Disgust*,1997),部分借鉴了心理学家保罗·罗津(Paul Rozin)的实验研究。[①] 她将恶心感描述为主要是对污染物质侵入身体的一种抵抗。它涉及保护主体的身体完整,以对抗被污染或是被同化的威胁。[②] 然而,恶心并不是纯粹的生理反应:它基于主体对被拒斥物质之特征的判断,因此,与反感或危险感不同,恶心是由"观念性因素"驱动的。努斯鲍姆还声称,这种对身体完整性的捍卫是象征性的。"恶心的观念性内涵是,自我会因摄入令人不适的物质而变得卑下或被污染。"[③]

努斯鲍姆论证道,换句话说,在一些重要的案例中,我们的恶心感是建立在联想的基础上的,这些联想的内容必须被我们认为是错误的和非理性的。恶心由一种隐藏的、无法确认的"交感巫术"的信念所引发:通过触摸,对象——包括我们的身体,以及相应的,我们人本身——会变得类同于被触摸的对象。[④] 恶心感是我们在心理上保护自己的一种方式,以对抗我们是必朽的具体存在者这个事实。"在所有社会中……恶心表示拒绝摄入,进而也就免于遭到人有必死性和动物性这种强有力的暗示的侵染。"[⑤]这些联想特别邪恶,因为可能会把不受欢迎的人类群体单列出来,视其为劣等人。

---

① William Ian Miller, *The Anatomy of Disgust* (Cambridge, MA, 1997); Paul Rozin and April E. Fallon, 'A Perspective on Disgust', *Psychological Review* xciv (1987), pp. 23-41.

② Nussbaum, 'Secret Sewers of Vice', p. 23.

③ Ibid., pp. 23-4.

④ Ibid., p. 25.

⑤ Ibid.

此外，努斯鲍姆认为这些联想也是厌女的，因为从传统上来说，相比于男人，女人与肉体的关系更紧密。① 恶心在社会中所扮演的极富争议的角色只有通过“重新塑造我们与身体的全部关系”才能得到纠正。努斯鲍姆引用沃尔特·惠特曼(Walt Whitman)的话总结道：

> 因此，民主诗人的工作就变成了歌唱“电力十足的身体(the body electric)”的工作，确立了人类共同需要和期待的几点，这根本上是可以接受和令人愉快的。②

毫无疑问，这是一个值得赞扬的目标——尽管有人可能会想，对身体的颂扬是否应当等同于对其所有体液的颂扬。

努斯鲍姆声称恶心反应是我们对抗动物本性的一种方式，那她的论据是什么？按照努斯鲍姆的说法，“实验早已证实，‘所有恶心的东西都是动物或动物制品’，或者是与动物或动物制品接触过的物品——其中一个主要来源是与‘不受欢迎的或被视为令人讨厌的人’接触过”。③ 努斯鲍姆指出，我们通常视之为恶心的许多东西都

① Ibid.，p. 33. 但这是否意味着努斯鲍姆部分同意——或者至少不想与之争吵——相比于男性，女性更应该从身体和性的角度来看待这种基本的厌女观念吗？

② Ibid.，p. 23.

③ Ibid.，p. 24. 努斯鲍姆是在引用罗津的研究。

是动物产品，这肯定是正确的。[1] 另一方面，考虑到恶心通常与饮食有关，这也毫不奇怪，许多食品都是动物产品。[2] 此外，在努斯鲍姆给出的极其宽泛的意义上，我们的环境中几乎每一样东西都是"动物"：要么来自动物，"接触过动物或动物产品"，要么以某种方式让我们想起动物——尤其是如果"不受欢迎的人"也被算作动物的话。现在问题来了，为什么我们不会一直感到恶心？

除了细节上的问题，我们首先应该问一问，无视实际情况，列出一份"恶心之物"清单是否有意义。真的有可能找出一种无论何时何地我们都能将其形容为恶心的物质吗？[3] 反之，有没有可能找到一种从来没有人觉得恶心的东西呢？努斯鲍姆显然还理所当然地认为，我们对肮脏的主要反应是恶心。也许我得在这里提出一个老生常谈的看法：恶心——有许多作家都在谈论这个话题——绝不是我们对肮脏的唯一可能反应；它甚至不是最常见的那种反应。例如，我们日常的清洁工作很难被持续的恶心感所占据。

---

① 努斯鲍姆承认，"腐朽和发霉"的素食可能也令人恶心，同时素食会让我们想起动物制品。如果萨特来参加罗津的实验室测试，他可能会告诉罗津关于糖浆的感受，一种完全属于素食的产品。努斯鲍姆还指出，眼泪不像其他体液，不会被认为是脏的。据她说，这是因为哭泣被认为是人类特有的活动。她没有考虑到另一种明显的解释，那就是眼泪不像黏液、血液和尿液，不会在衣服和家具上留下痕迹。

② 在试图列出一个典型的令人恶心的物品清单时，很自然地会将重点放在令人恶心/厌恶和可食用物之间的总体关系上。从生物学和行为学上讲，从美味到恶心往往只有一小步，这绝非巧合：恶心反应的放大首先保护我们免受有害物质的侵害，否则我们可能会想吃掉它们。

③ 努斯鲍姆区分了恶心和厌恶的感官反应。例如，拒绝摄入粪便的本能反应的存在，并不意味着粪便总是令人恶心的对象——例如，当粪便被用作肥料或燃料时。

不管我们如何看待努斯鲍姆对恶心感的分析，它肯定反映了过去几十年关于肮脏和排泄物的理论争论。这种占主导地位的趋势可以被描述为“对普遍性的渴求”和“对特例的轻蔑态度”。① 此外，只要有可能，人们肯定会偏爱一种博人眼球的论述，而这种论述被假定代表了污染和卑贱物的研究领域的全部。这也许说明，人们感兴趣的不是肮脏和干净的概念，而是对强有力的隐喻有所需求，以便用于有关文化和社会的一般争论。

作为一家之主，我时不时会粗心大意，但仍然为自己的学术资历感到自豪，我自然地被这样一种想法所抚慰：过分的清洁无关乎敬虔，而是更接近法西斯主义和仇外心理，以及其他一些经不起深究的恐惧症。然而，在阅读过去几十年发表的为肮脏辩护的著作时，特别是考虑到为肮脏做辩护时所反对的那些观点和人，我不禁认为，这场争论只不过是又一场象征着阶级斗争的“阿基里斯和乌龟赛跑”。新中产阶级现在已经拥有了城市体面的生活方式，奋力地想遗忘其工人阶级之根。作为应对，真正的知识精英，急于与新来者保持距离，不再愿意公开地承认他们也喜欢美好而干净的环境。瑞典记者佩·斯文森(Per Svensson)总结道：

一个疏于照料、积满灰尘的家可能会让大家认为，这里住着富有魅力和创造力的艺术家类型的人物，或者极其成功和忙碌的专业人士，他们担心的事，要比保持每个角落的干净重要得多。角落里

① Ludwig Wittgenstein, *Blue and Brown Books* (New York, 1965), p. 18.

的垃圾堆也可能被认为是可爱的宠物，在这样一个家庭里，人们更看重的是家庭、跟孩子们在一起，以及生活中有价值之事，而不是光洁的硬木地板。一个干净锃亮的家可能会招致怀疑，它可能暗示着焦虑、古板的想法、狭隘的思想、了无生趣的情感生活、隐秘的性虐待和无法到达性高潮。①

艺术与垃圾

但是，难道没有足够的证据表明，干净和肮脏之间的区别可能只是一种在现实中没有坚实基础的传统吗？也许对日常生活是由什么构成的，“都市人（the man on the street②）”怀有天真的想法。想一想 2001 年 10 月，与奥萨马·本·拉登（Osama bin Laden）和 V. S. 奈保尔（V. S. Naipaul）同时登上新闻头条的一篇报道：

清洁工清理掉了赫斯特的烟灰缸艺术品

人们常说，现代艺术是垃圾。当画廊清洁工把达米恩·赫斯特的作品丢进垃圾桶时，这种说法听起来才像是真的——因为他认为那个装置就是垃圾。伊曼纽尔·阿萨雷（Emmanuel Asare）认为，一堆满出来的烟灰缸、喝剩下一半咖啡的咖啡杯、空啤酒瓶和散落

① Per Svensson, *Svenska hem. En bok om hur vi bor och varför* (Stockholm, 2002), p. 90.

② *the man on the street* 是鲍勃·迪伦（Bob Dylan）的一首歌。——译注

> 在画廊里的报纸都是西伦敦画廊(west London gallery)一场派对的遗留物。尽管如此,这些垃圾还是被赫斯特摆弄成一件即兴装置作品,使其增值了数千倍……“我一瞧见它就叹了口气,因为那就是一团乱。我一点也不认为这是一件艺术品——在我看来它不太像艺术品。”……工作人员被派往垃圾堆中寻找垃圾袋,并打捞各种物品,他们用这些物品根据之前拍摄的照片重建了这个装置。35 岁的赫斯特说,成堆的垃圾代表着一个艺术家的工作室,他说这个错误“太棒了,非常有趣”。“被困主义艺术运动(Stuckist art movement)”的联合创始人查尔斯·汤姆森(Charles Thomson)称赞了阿萨雷先生的行为。该运动推崇绘图和作画的传统技艺。他说:“这位清洁工显然应该被提拔到一家全国性报纸去当艺术评论家。他明显独具慧眼。”①

熟知理论的读者第一反应可能是:“我早就告诉过你了。”新闻报道似乎证实了艺术鉴赏完全是主观的和基于惯例的,同样,也证实了将一件物品归类为污物或垃圾的随意性。

但是,关于我们对开明态度的推断,我们得开明一点。赫斯特并不是想招来那些不偏不倚的、纯粹审美上的反应。无论他的装置作品中蕴藏着什么力量,都完全依赖于一种模糊性,观众期待看出并破解这种模糊性:装置作品是艺术,**同时也是**垃圾,这就是为什么它需要被看出(也)正是垃圾。这实际上意味着,所谓的“垃圾”**并非**

---

① Colin Blackstock, 'Cleaner Cleans Up Hirst's Ashtray Art', *The Guardian*, 19 October 2001, available at www.theguardian.com.

纯粹是基于惯例的。赫斯特的艺术作品之所以能达到基本的艺术效果，是因为物品的身份不是由我们来决定的：它客观地由垃圾组成，独立于观察者。

肮脏与干净的语法：本书的任务

在哲学中，问"什么是肮脏"，就是去探究肮脏的概念。要分析这个概念，就是去追问"肮脏"及其近似表述在各种生活情境中的用法是什么意思。这并不是要寻找任何一种定义，而是要创造一种所谓的哲学语法：清晰地展现出概念对我们产生的影响——包括为我们解决的问题和创造的新问题。这种对语法的描述被记录在历史上各个时代和地区，这就是为什么它们需要不断地被重写和重新思考。有时候，哲学任务也要求我们把异域文化和我们自己的过去考虑进去，但核心任务仍然是为我们这些西方工业化社会的当代成员阐明"肮脏（物）"和"肮脏的"之含义。出于基本原则，文化差异无法证明，我们目前的实践在某种程度上实际确实类似于某种异域文化，并与我们过去的看法大相径庭——如同即使发现我们的做法与"异国他乡（Farawaystan）"有相似之处，也不能证实我们自己的观念是正确的。[①] 我们需要对比肮脏和各种相关概念，但最基本的是，肮脏与它的各种近似观念不能等同。然而，探讨肮脏与其他类型概念的相似程度或者差异程度是很重要的，因为这会帮助我们在概念地图上定位它。我主要思考的是实践中的清洁，而不是比喻意义上的、仪式性的或宗教上的洁净，尽管实践和象征之间的界限本身就是一个必须要反思的问题。

最近理论上和艺术上对洁净和污染的重新关注，或许只是标志着正常地回归到那些在西方文化史上被人为抛在一边的问题。另一方面，这也可能表明清洁实践对我们来说不像过去那么不证自明。在以专业化和劳动分工为标志的现代社会中，我们对日常物质对象常常表现出一种疏离感、一种失控感。我们知道如何扔掉东西，却不再知道如何去清洁和维修它。

① 从这个意义上说，哲学必须是"对人自身的研究……以自己的方式看待事物（以及人对它们的期望）"。Ludwig Wittgenstein, *Culture and Value*, ed. G. H. von Wright and Heikki Nyman, trans. Peter Winch (Chicago, il, 1984), p. 16e.

第二章 “肮脏”的哲学简史

古希腊人

肮脏哲学与一般的西方科学和哲学大致相同——只不过一开始它们并不是“西方的”，而应该被称为是“地中海的”，如果我们坚持采用地理规范的话。当我们现在描绘这项工作的发展时，其结果必然是一部从“肮脏”视角来看（sub specie sordis）的哲学史。① 由于显而易见的原因，这里的叙述必须是粗略且高度筛选的，依据的一个主要标准是从现代观点来看是否关系重大。我们发现，肮脏的

---

① 类比 Huizinga's sub specie ludi ——从玩耍的视角来看。

问题在哲学中无所不在，因为它已经涉及哲学的所有重大变动和发展。既然实在的本质——或者更恰当地说，“实在的概念”的本质[①]——一直是哲学所关注的问题，那么其观点将会部分地通过不同的立场来建构，而非通过哲学家认为问题重重的物理实在来建构。

赫拉克利特《残篇》(*Fragments*)，写于公元前 6 世纪到公元前 5 世纪，标志着哲学话语论及污染之开端。赫拉克利特的作品并没有完整地保存下来，但有根据地重现他的哲学是有可能的。一些现存的残篇证明了其中明显有论及干净和肮脏的成形的观点。爱奥尼亚的哲学家似乎在论证中反复使用肮脏和不洁净这两个观念，以支持一种尚在形成中的哲学相对主义。他对他那个时代的宗教仪式感到惊奇，包括在动物献祭中，血液同时呈现为玷污和净化。

> 浑身沾满血污，他们用这种与众不同的方式净化自己，就好像踩在泥里的人被泥洗干净了一样。但如果有人说出这个人在如此做，那么这个人会被认为疯了。他们向这些雕像祈祷，就好像有一个人，他完全不明白神或英雄是什么，就要去和这些房子交谈。[②]

赫拉克利特把赎罪仪式描述为一种用血液洗去血液的情形，这

---

① 参考 Peter Winch, *The Idea of a Social Science and Its Relation to Philosophy* (London, 1958), p. 9。

② Heraclitus, Fragment B5, 引自 Osborne 的译本。Catherine Osborne, 'Heraclitus', in *Routledge History of Philosophy*, vol. Ⅰ: *From the Beginning to Plato*, ed. C. C. W. Taylor (London, 1997), pp. 88-127, at pp. 90-91.

一点在他同时代的人看来合情合理。希腊语 μίασμα(miasma)同时意指污染(尤指血迹)和道德负罪感。这个概念后来在拉丁语中被翻译为 piaculum,这个词的意思同时指"赎罪仪式、赎罪"和"罪",意思即需要用赎罪仪式来赎去的罪行。这可以进一步对照希腊语 μίαστωρ(miastōr),同时指有罪之人和应当承受报复之人。两者都存在于紧急或特殊状态下:一个意思是因为有罪行被犯下,另一个意思是因为大仇尚未得报。换句话说,我们现在正在处理这样一种传统,远古以来,此传统就把道德之罪与肮脏、臭味联系在一起。其最早的文献几乎和书写技艺一样古老。《阿尼的纸草书卷》(*The Papyrus of Ani*)抄录了《埃及死亡之书》(*The Egyptian Book of the Dead*,公元前 1500—前 1400 年),描述了灵魂前往"埃庐(Ialu)"时的危险旅程,埃庐即获得庇佑之人的居所。在这个过程中,灵魂需要净化自己,用这样的话祈祷:"愿神(shemit,一类神圣的存在)不要使我的名字发臭,也不要在神面前说对我不利的谎言。"①又有一处说:"请救我脱离那掳掠人灵魂、吞污食秽的大神,也就是那位(自己住)在光明中的黑暗守护者。处于痛苦之中的人都怕极了他。"②

在手稿中,食秽者(the Eater of Dirt)被描绘为一头可怕的生物,长着一张鳄鱼脸。这动物后来又演化为一头野兽,它有时会出现在中世纪和巴洛克时期的基督教艺术中,仍保持着在地狱里吞吃罪人的老习惯。

---

① *Egyptian Book of the Dead*, ed. E. A. Wallis Budge (New York, 1967), p. 258. 括号里的内容是本书作者所加。

② Ibid., p. 289. 括号里的内容是原著作所有。

但现在回到赫拉克利特：从现代的观点来看，他批评祭司用血洗去血和对着雕塑说话，这很容易被解读为对未开化做法和迷信的嘲讽。然而，当我们发现赫拉克利特试图对不洁的概念抱持相对主义态度时，讽刺的锋芒就被削弱了。事实上，动物完全可以在肮脏物中洗澡："猪在淤泥中洗澡，家禽在尘土中洗澡。"[①]对人和动物来说，肮脏物是完全不同的东西："海水是最洁净的水，也是最不洁的水。鱼可以喝海水，这对它们是很好的；对人来说，它是不能喝的，是会带来毁灭的。"[②]

那么，如果那些参加宗教仪式的人就像那些对着房子说话或"在淤泥里乐呵呵"的人一样疯狂[③]，这只能说明人类理性的不足。赎罪仪式有两种理解方式：一种是神圣的宗教的方式，我们确实用血液来洗去血液；另一种是世俗的方式，人类对着石头和房子说话是毫无意义的。[④] 赫拉克利特的这种解读，表明他提出了一个相对主义的观点，如果我们赞同凯瑟琳·罗维特·奥斯本（Catherine Rowett Osborne）对赫拉克利特论赎罪仪式的开篇语的翻译："他们以不同的方式净化自己"[⑤]，而不是早先的解读："他们徒劳地净化

---

① Heraclitus, *Fragments of Heraclitus*, trans. John Burnet (1912), available at https://en.wikisource.org/wiki, Fragment 37, accessed 16 October 2015.

② Ibid., 61.

③ Ibid., 13.

④ Osborne, 'Heraclitus', p. 93.

⑤ Ibid., p. 90, and endnote 11, p. 118. Fragments 5 的另一种译法来自 Burnet："他们用血玷污自己的方式来净化自己是徒劳的，就像一个踏进泥里的人要在泥里洗脚一样。他们向这些图像祷告，就好像人要和他的房子交谈，却不知道什么是神或英雄。"Heraclitus, 'Fragments', 5.

自己”，那么这种相对主义的特征会特别明显。正如人类和动物看待世界的方式不同一样，人类和诸神的方式也不同，因为“人类的方式是没有意义的，但诸神的方式是有意义的”。① 难怪“赫拉克利特认为人类的意见只不过是孩童的玩具”。②

如果赫拉克利特的确提到，“尸体比粪便更适合被抛弃”③，可以肯定的是这违背了通常的思维，但它只是表明我们大多数人像做梦一样度过一生，在那个梦里，“最完美的世界只不过是一堆粪便”④。我们看得出赫拉克利特是在说，人类和动物的生命形式各有各的逻辑。这些生命形式是相对的，是与环境相关的，正确与否取决于你如何看待它们。但看待人类和动物，除了世俗的视角之外，似乎还有另一种视角：诸神的视角。后者可能也适用于“完全净化过的人，这……很少发生在一个人身上，也很少发生在很容易数清数量的人身上”⑤。从神圣的视角来看，“肮脏”和“干净”的概念显然完全失去了它们的意义：“对神来说，一切事物都是公平、良善和正确的，但人会认为有些东西是错误的，有些是正确的。”⑥

尽管资料来源不完整，我们仍然可以谨慎地总结出，“肮脏”头一回出现在哲学视野里，就在多方面被看作是消极的事物。对赫拉

---

① Fragment 78, quoted in translation by Osborne in Osborne, ‘Heraclitus’, p. 93.

② Heraclitus, ‘Fragments’, 70.

③ Ibid., 96.

④ [Heraclitus], *Heraklit*, *Fragmente*, Greek and German, ed. Bruno Snell (Munich, 1926), Fragment B124. 本书作者自译。

⑤ Heraclitus, ‘Fragments’, 69.

⑥ Ibid., 102.

克利特来说，肮脏的观念首先是人类理解能力有限的症状。只要我们停留在人类和尘世的界限之内，赫拉克利特似乎就无法设想视角之间的内在高下之别：所有尘世的存在者都可悲地缺乏真理——这种真理是诸神所欣赏的，但人类却极少能达到。另一方面，所有不同的人类和动物的视角都表达了一些相对真理。与动物的想法相比，我们对肮脏的概念既不更多些真实，亦非更少些真实。

没有形式的形式

一百多年后，柏拉图继承了赫拉克利特留下的一些思想线索。和他的前辈一样，他把通常的想法描述为仅仅是意见（doxa），与真正的知识（epistēmē）相比，意见是相对且多变的。然而，与赫拉克利特不同的是，柏拉图把对真正知识的追求呈现为一项艰难但仍可能实现的人类事业。其基础在于哲学和数学中所表露的理性和直觉，哲学和数学这两项活动具有的一些性质，赫拉克利特认为是神圣的。

真正知识的正确对象是形式（Forms），而在老一些的翻译中，也被称为（柏拉图式的）理念（Ideas）。形式可以被定义为模型或原型。它们是事物的本质或者第一原理，我们在日常生活中习惯于称之为实在，而我们对实在的全部理解只有通过形式才成为可能。如果我们想一下柏拉图最喜欢的例子——几何学在人类生活中的角色——那就很容易明白他在追求什么。没有人见到过完美的圆：完美的圆并不存在于我们的环境之中。没有人见过一个圆只具有几何形状：我们见过的每一个圆都同时是由线条构成的有颜色的表面，例如用铅笔、煤、墨水或沙子中的木棍画的。然而，真正的圆，圆的形式，是存在的。它“存在”是因为它对我们的思考和知识是必要的：我们认得出圆形形式的现存近似物，仅仅是因为我们理解它们与对应几何图形的关系。形式也是现有全部圆形图画的起源，因为只有我们有了这样的理解，才能试着去画一个圆。最后但同样重要的一点是，我们理解的不完美就是偏离了标准，因为我们暗暗地把我们画的圆与圆的形式进行了比较。归纳起来就是：只有当实在的事物符合形式时，理性地思考实在才是可能的。相反，我们靠着从一个设计不完美的世界中所得到的经验进行推断，精确地获取关于形式的知识。

这对肮脏之观念有何影响？这正是柏拉图在他的对话录《巴门尼德》(*Parmenides*)中要处理的问题。这篇对话录从表面上看是苏格拉底和哲学家巴门尼德的讨论。苏格拉底，当时还是个年轻人，刚刚说出了他的看法：万物皆有形式。巴门尼德接着问他，他是否认为这也适用于“那些一提到就可能会让人发笑的东西”——“诸如头发、泥巴、污物之类的东西，或者任何其他卑劣和毫无价值之物”。肮脏物有形式吗？问题是，“有”和“没有”似乎都会导致荒谬。现在让我详细说明这个问题。

我们现在感受到了古代的主流观念。其世界观本质上是目的论的。事物被其“意图”、目的或者说 telos 所定义。掌握一件事物的本质，除了要了解其他方面之外，就是要能够区分事物好的方面和坏的方面。想一下刀。刀的定义，尤其一把好刀的定义是，可以被用作切割目的——更准确地说，可以用来切割木头、头发或黄油——的工具。总的来说，古希腊人喜欢把物理对象看成是工具和功能性的人工制品，主要为了不和石头之类的自然物体或未定义的物质混淆。对于这个问题，海德格尔评论道："古希腊有一个恰当的术语来称呼'物(Things)'，πράγματα(pragmata)——指的是，物必须与人的有意行为[πρāξις(prâxis)]相关。"①事物有它自己的生命、存在和目的：一把刀、一支铅笔、一棵苹果树、一个鸡蛋，都是根据它们在切割、书写、结果实和孵小鸡方面的潜能来定义的。根据这种对事物本质的理解，有可能也有必要去追问，个体事物在多大程度上符合它的形式或本质。

在这一点上，污染的存在会造成困难。如果一切事物都具有柏拉图意义上的形式，那么污染和其他被归类为有缺陷的现象也应该如此。形式本该是事物的本质或完美形态。但"糟糕和卑微"之物的定义是指未达到理想状态的事物。这种事物的形式应该是什么？没有形式的形式，完美的不完美状态？苏格拉底在与巴门尼德的讨论中，一开始就相当可悲地否认了这种形式是存在的。

> 苏格拉底说，当然没有，这样的可见之物，就是我们所看到的样子，假定任何它们有什么形式(或理念)，恐怕都太荒谬了。尽管我曾感到不安，开始认为要是没有(形式)，那就什么都不存在；但后

① Martin Heidegger, *Being and Time*, trans. John Macquarrie and Edward Robinson (Oxford, 2001), pp. [68] 96-7.

来，一旦我采纳了这个观点，我就会跑开，因为我怕自己会掉入愚昧的无底深渊，然后灭亡；因此，我回到我刚才所说的有（形式）的事物里，（同一性、统一性、多元性、权利等等），用我自己的时间研究这些。[①]

后来的阐释者都在就柏拉图对“他者(the other)”的看法努力找到一个站得住脚的立场——“他者”，héteron(ἕτερον)，就是一对对立概念中的某一个的消极面、反面。比方说，丑仅仅是美的缺失吗？邪恶和不公正是凭借其自身而存在的现象，还是仅仅因为善良和正义的缺失？后一种解释占主导地位，至少自圣·奥古斯丁以来是如此，他当然借鉴了新柏拉图主义的传统，而不仅仅是柏拉图本人的著作。在现代争论中，诠释者依据《智者》和《理想国》[②]，认为柏拉图很可能认为“他者”也有形式。但很有可能柏拉图没有明确的立场。[③] 毕竟，他没有义务解答未来读者可能想问他的每一个问题。然而，我们确实发现，他意识到不带偏见的思考和质疑一个人钟爱的理论是有必要的。下面是巴门尼德对苏格拉底的回答，当然

---

① Plato, *Parmenides*, in *The Dialogues of Plato*, trans. Benjamin Jowett (Chicago, il, 1952), pp. 486-511, at 130d.

② Plato, *The Sophist*, *in The Dialogues of Plato*, trans. Benjamin Jowett (Chicago, il, 1952), pp. 551-79, at 257d-258a; Plato, *The Republic*, ibid., pp. 295-441, at 476a. 然而，《理想国》中的引文与其说是讨论，不如说是提到了形式的理论。此外，《智者》的结论不是以苏格拉底的名义提出的，而是以“一个狂热的陌生人”的名义提出的，虽然苏格拉底是柏拉图通常的代言人。

③ 感谢 Nicholas White 教授提供关于争论的信息；私人交流，2003 年 8 月 18 日。

这是出自柏拉图的想象。

巴门尼德说：是的，苏格拉底啊，那是因为你还年轻；那一天终会到来——如果我没有弄错的话——那时候你会更加了解哲学，然后你就连最卑贱的东西也不会轻视；在你这个年纪，你太想顾虑人们的意见了。[①]

在古代哲学史上，亚里士多德的哲学常常与他的老师柏拉图的哲学相对比。亚里士多德无疑更乐于接受实证研究，尤其是在生物学领域。他——或者可能是他的一些学生——屈尊写了一本小书，论及“与难闻的气味有关的问题”(《物理问题》*Problemata Physica* 第十三章)[②]，书中讨论的问题如下：

- 吃过饭的人，为什么好像闻不到难闻的气味？
- 为什么所有运动中的事物都比平常气味更大？
- 为什么在畸形和弯腰的人身上，呼吸的气味更重、更难闻？[③]

这些问题在当时医学理论的总体框架内被解释，重点关注在不同身体中各种元素——比如湿气——的分布。此外，亚里士多德还在他的《形而上学》中关注残缺或损坏的概念，并在他关于动物发育

① Plato，*Parmenides*，130e.

② Aristotle，*Problems*，Books i-xxi，trans. W. S. Hett（London，1961），at Book xiii，pp. 306-15.《物理问题》(*Problems*)属于公元前3世纪的后亚里士多德主义传统。总而言之，这部著作包含36篇作品，总结了当时从植物学、动物学和医学到音乐的知识。主要部分可追溯到吕克昂学园成员所记录下的真正的亚里士多德笔记。

③ Aristotle，*Problems*，907b，909a，908b.

的书中讨论了生物学上的畸形。①

然而，尽管亚里士多德对实证研究感兴趣(这使他有别于柏拉图)，尽管他们俩对形式的地位的看法有分歧，但他们对本质的共同信念，以及“形式表达了对象的真正本质”这一观念，让两位思想家有了共同点。古希腊人的遗产，尤其是柏拉图的遗产，显然包含了不同程度的实在的观念。污染和损坏意味着对象的实在性在某种意义上被削弱了，因为对象被带离了其本质。在这种情况下，对本质进行研究的想法与本质作为规范概念的构想是不可分的。不是所有存在的事物都包含着同等的本质。物理实在本身包含了不同程度的实在——与秩序和良善相关联——以及与混乱和邪恶相关联的“非实在”。一个人越是把“实在”等同于真实和良善(而且他越希望这些词大写)，那么“肮脏”作为实在的一部分的地位就越成问题。

炼金术和易朽坏问题

对败坏这一主题的反思是基督教神学不可分割的一部分。从圣保罗开始，败坏被视为神义论问题的一部分。在物质世界中，事物在各方面都无法合其固有的目的性，但如果它们是由上帝创造的，这怎么可能呢?

① Aristotle, *Generation of Animals*, trans. A. L. Peck (Cambridge, MA, 1946), Book iv, 769b-773a.

被创造的环境(包括我们自己的身体)在物理上的易朽坏性有一个很古老的宗教解释:物质的败坏源于人类从上帝或诸神那里的堕落,上帝和世界之间被打下了一个楔子。这一传统假定人类的命运和物质实在的命运是直接对应的。我们自己稳步推进的道德败坏是自然之败坏的镜像。赫西俄德(公元前8世纪末)在《工作与时日》中把人类的早期岁月描述为一个生活质量不断下降的过程,与之相应的,是道德的下滑和金属价值的降低。黄金时代过后是白银时代、青铜时代,最后是铁器时代。[①] 继之而来的每一代人都因自身的罪过而毁灭。现在铁器时代的人是最坏的,赫西俄德说,"我希望我不是这一种族的。"[②]当最后一丝体面的痕迹消失后,这最后一种人类也将从地球上被抹去。

在《罗马书》中,圣保罗特别提醒我们注意亚当的堕落和自然的堕落之间的相似之处:正如所有的人类都是罪人,自然和所有的肉体一样,都是罪的奴隶。因为罪,物质的败坏开始出现了。与人类一样,大自然也渴望着救赎。

受造之物切望等候神的众子显出来。因为受造之物屈服在虚空之下,不是自己愿意,而是因那使它屈服的叫它如此。但受造之物仍然指望从败坏的辖制下得释放,得享上帝儿女荣耀的自由。我们知道,一切受造之物一同呻吟,一同忍受阵痛,直到如今。不但如

① Hesiod, 'Works and Days', in *Hesiod and Theognis*, trans. and intro. D. Wender (Harmondsworth, 1986), pp. 59-86, at v. 105-202.

② Ibid., v. 173.

此，就是我们这有圣灵作初熟果子的，也是自己内心呻吟，等候着儿子的名分，就是我们的身体得救赎。①

共同的易朽性和有朝一日克服它的共同希望，在人与创造之间建立了联系。但与自然不同的是，人类个体可以通过道德的和宗教的重生找到救赎之道。

由于人类的堕落，死亡就这样被引入了这个世界。此外，人们普遍认同的中世纪理论是，败坏的过程随时间而加速。大洪水过后的这一时期尤其如此，污染物质不断增加，植物、水果和种子所具有的滋养和补救能力也在逐渐削弱。可以肯定的是，上帝已经将药用和延长生命的草药散布到大自然中，但它们本身并不能弥补原始环境的损失。结果就是，人类预期寿命大大缩短。我们只能指望有几十年的生命，而亚当的直系后代却活了将近一千年。②

这些思想成为炼金术传统的思想起点。其神学上的理由可以在圣保罗那里发现，他相信救赎之路不仅为人类，而且为动物，甚至为无机自然而铺设。③ 成熟这一自然过程类似于个人的人格发展和对洁净的渴望。种子会长成树，果实会在树上成熟。金属因腐朽或成熟而变为其他金属；黄金将在地球的子宫中生成。并不是所有

---

① The Bible(《圣经》), New Revised Standard Version (NRSV), www.biblestudytools.com, accessed 8 June 2016,《罗马书》8 章 19-23 节。（除非有特殊说明，本书所引用的《圣经》汉译均来自《圣经(和合本修订版)》——译注。）

② Timo Joutsivuo, 'Raamatun pitkäikäisyyden salaisuus', *Tieteessä tapahtuu*, 7 (2003), pp. 32-4.

③ Tomas Mansikka, 'Alkemisk uppbyggelselitteratur', *Finsk Tidskrift*, ccli-cclii (2002), pp. 397-408.

的东西都能变成黄金，就像罪恶不会转变成美德一样，所以人们需要强化金属里好的趋势，摒弃那些与救赎无关的物质——糟粕、垃圾、渣滓、与人类生命中的罪相对应的物质。对圣保罗持大体赞赏态度的马丁·路德(Martin Luther)在《桌边谈话录》(1566)中采纳了这种观念。

我很喜欢炼金术，而且，它确实是古人的哲学。我喜欢它，不仅是因为它在熔化金属，在煎煮、制备、提取和蒸馏草药和根茎上能获取利益；我喜欢它，也因为它具有隐喻和秘密的含义，即关于死人在最后一天复活，这是极好的。正如在炉子里，火焰从中提取和分离出一种物质，带着精神、生命、活力和力量，而把不干净的东西、废渣留在炉底，就如同死人和毫无价值的残骸一样；即便如此，到了审判的那一天，上帝会用火将所有的事情分开，将义人与不敬虔的人分开。基督徒和义人必升到天上，得到永生；但邪恶的和不敬虔的人，就如同渣滓和秽物，将被留在地狱，受尽诅咒。①

因此，炼金术与这样一种观点联系在一起：人类的灵魂和自然是一个不可分的世界中互相交织的元素。人类会帮助自己和这世上的洁净元素得到拯救。有形的实在注定有一天会完全得到净化和荣耀；这是旧约和新约中反复出现的主题。以赛亚斥责他的百姓道德堕落，对他们说，“你的银子将变成渣滓”，但是上帝会带着怒火

① Martin Luther, *The Table Talk of Martin Luther*, trans. and ed. William Hazlitt (London, 1872), at dccv, p. 326.

降临,“(将要)炼尽你的渣滓,如同用碱炼过,除净你的杂质”。[1] 上帝出现在玛拉基面前,就如同金匠的火,或是漂洗者的碱,必“洁净利未人、熬炼他们像金银一样;他们就凭公义献供物给耶和华”。[2] 最后,在《启示录》中,天堂耶路撒冷会从天而降,但这个重建版完全由净化过的、“永恒”的材料组成。

墙是碧玉造的;城是纯金的,如同明净的玻璃。城墙的根基是用各样宝石修饰的:第一个根基是碧玉,第二是蓝宝石,第三是绿玛瑙,第四是绿宝石,第五是红玛瑙,第六是红宝石,第七是黄碧玺,第八是水苍玉,第九是红碧玺,第十是翡翠,第十一是紫玛瑙,第十二是紫晶。十二个门是十二颗珍珠;每一个门是一颗珍珠造的。城内的街道是纯金的,好像透明的玻璃。[3]

现代化学与那种无机自然下的生机论观点相去甚远,这却被炼金术先驱者视为理所当然,对于此事实,我们必须报以应有的肯定。[4] 另一方面,我们不应该夸大炼金术与我们目前对实在的理解之间的对立。我们当然不应该再成为炼金术士,但我们至少可以把炼金术看作一面放大镜,帮助我们理解自己看待自然的态度。在许

---

① 《以赛亚书》1 章 22,25 节(NRSV)。

② 《玛拉基书》3 章 3 节(NRSV)。

③ 《启示录》21 章 18-21 节(NRSV)。

④ François Dagognet, in *Rématerialiser: Matières et materialismes* (Paris, 1885). pp. 37-9. 他认为炼金术的某些倾向长期阻碍了化学的发展。炼金术的重点是将本质或“精神”从其不相匹配的框架中解放出来,这也意味着对“纯净”物质和形式(如白色晶体)的偏好,而不是探索残渣物的潜力。

多重要的方面，它只是自我封闭的产物，源自一种不证自明的，却可能是必要的对自然世界的看法。想想这样一个事实：我们仍然在等待水果成熟，仍然要扔掉变质的产品。无论何时何地，自然过程都包括对先前结构的破坏和新结构的成长——想一下食物上霉菌的生长。然而，理解败坏概念的关键并不在于有机过程本身，而是在于目的论上的区别，即过程是否与对象的目的（例如，法国奶酪的成熟）一致。

炼金术还应该让我们对当前关于"卑贱物"的争论有一个更好的看法。在如今的学术争论中，我们与肮脏的关系往往被展现为一种对自然过程的消极和焦虑的态度。与此相反，炼金术用守护和照看，展现着人类与物质自然的关系。对抗污染，就是要保护和培养趋近完美的天然倾向，无论是大自然还是我们自己。

新 科 学

米兰多拉伯爵乔万尼·皮科（Giovanni Pico，Count Mirandola，1463—1494），是佛罗伦萨柏拉图学院的成员，这是一个新创立（并短暂存在）的学术团体，他们渴望重新创造古代哲学中最好的东西。皮科·德拉·米兰多拉的演讲《人的尊严》经常被引用作佛罗伦萨文艺复兴的开场词——是现代人刚刚意识到自己的价值的开端。[①]

---

① Giovanni Pico della Mirandola，*Oration on the Dignity of Man* (Chicago，il，1956).

最常被引用的段落恰好出现在开头——一首名副其实的赞美人类和人类自由发展的无限力量的颂歌。

然而,有批判精神的读者会发现,这部作品整体上是五花八门的思想的集合——这本书表明,除了后世推崇的苍白的大理石雕塑之美,文艺复兴时期的意大利还有些别的东西。我们必须记住,炼金术与其说是中世纪的残余,倒不如说是一场文艺复兴运动——就像在 17 世纪达到顶峰的猎巫运动一样。皮科的演讲与柏拉图思想的重现关系密切,后者也激励了炼金术的发展。皮科希望从新柏拉图主义的角度来看待自然科学和《圣经》。人既可以上升到天使的层次,也可以下降到动物的层次。就像在炼金术中,人类几乎无限的生存上的自由是建立在预先注定的道德和自然创造层面之上的。净化是人类进步的首要标志:我们必须在理性思维的帮助下“净化我们的灵魂”,“因此,也就是说,洗去无知和邪恶的污秽”[①],“就像在流淌的溪水中那样,在道德哲学中”洗一洗我们肮脏的手脚。[②]

皮科的一些观点在今天看来像是进入了死胡同(比如他提到了赫尔墨斯的神秘智慧和迦勒底人[③]),而另一些则像是对未来科学成就的预期。他谈到了“一种基于数字的哲学思考的新方法”。他告诉我们,这种方法“实际上非常古老”。[④] 在此处,他诉诸了声名显赫或者鲜为人知的多位前辈,包括毕达哥拉斯和柏拉图,也包括

① Ibid. ,p. 16.
② Ibid. ,p. 18.
③ Ibid. ,p. 49.
④ Ibid. ,p. 51.

荷马和不太著名的人物扎莫尔西斯(Zamolxis)和奥罗玛修斯(Oromasius)的儿子琐罗亚斯德(Zoroaster)。① 一百年后,伽利略采纳了这种思想,他提出“自然之书”是“用数学语言写成的(scritta in lingua matematica)”。② 类似,毕达哥拉斯认为自然在数学上是和谐的,开普勒的天体运动定律是作为这一学说的直接延续而发展起来的。

文艺复兴时期对柏拉图主义的回归,以及对亚里士多德的摒弃,为实验科学的发展创造了条件。这似乎有点矛盾,因为在两位思想家中,亚里士多德一直强调事实和观察的必要性。然而,对于亚里士多德和开始主导西方科学的以数学为基础的研究计划来说,“观察”的含义完全不同,若是我们牢记这一点,就不会感到惊讶了。现代科学不是简单地坐下来等待经验发生,而是在精心安排的——有时是完全“不自然的”——实验环境中**创造**经验。因此,亚里士多德越来越无关紧要,是因为他太接近自然,而不是远离自然。现代的自然之书是一本解释说明的书,而不是一本旅行日记。

通过诉诸古代哲学权威,刚刚起步的现代科学获得了无视直接经验的权利。现在,直接经验被认为**根本没有能力**理解实在的本质。这一点,在“第一性质和第二性质”这个学说中表达得尤其明显。

① Ibid. ,p. 55.

② Galileo Galilei,Sagiattore;引自 Oswald Spengler,*Der Untergang des Abendlades*,Band Ⅰ(Munich,1921),p. 10。

第一性质和第二性质

17世纪的自然哲学发展出一种策略，就是吸收全新的科学成果，借由此区分出两种元素。其中一种元素和另外那种不同，不管谁碰巧观察到它，本质“就在那里”，就在其自身之中；还有一种主观的元素，需要人类的感知能力发挥作用。这种方法在“第一性质和第二性质”这个学说中得到了体现。其主要思想早已由古代原子论者提出，并在伽利略那里找到了支持，但其最具影响力的提法被收录在约翰·洛克1690年的论文《人类理解论》(*An Essay Concerning Human Understanding*)中。洛克曾在罗伯特·波义耳(Robert Boyle)的化学实验室做过一段时间的助理，他想要对中世纪的亚里士多德“真实的偶性”学说做最后一击，代之以宣扬关于物质实在结构的“微粒假说”。

第一性质——根据洛克的观点，是指“硬度、广延、形状、运动或静止，以及数量”——“确实存在于实体本身之中”。[①] 诸如颜色、声音、味道、气味和温度等第二性质，实际上并不在对象本身之中，而只是一些印象，由第一性质作用于感觉器官而引起。[②] 例如，雪球

① John Locke, *An Essay Concerning Human Understanding* (London, 1867), at Book ii, Ch. viii, § § 15, 14. 亦见于 § 22:“物体的体积、形状、数量、位置、运动或其他固体部分；它们在其中(对象之中)，无论我们是否察觉到它们。”

② Ibid. , Book ii, Ch. viii, § 14.

的白色和冰冷感是由它所构成的微粒(即粒子)的微观性质和结构造成的。它们在人体中产生感觉的能力与催吐剂的能力相似,它们的微观结构都会激起人体的特定感受。① 但是感到不舒服并不是催吐剂的性质,正如疼痛也不是扎伤我手指的刀的性质。同样,颜色、声音、温度、味道和气味仅仅存在于对象激发人的心理反应(感觉)的力量之中。②

总的来说,现代自然哲学仍然忠实于洛克的方法,尽管当前的研究呈现出一幅更细致入微的精确图景,同时,名单上可能的第一性质也在持续增加。③ 洛克的名单是基于这样一种思想,即物理世界的客观性质可以用空间广延这种术语来描述。今天,可能的第一性质的名单不再由哲学家交给物理学家,而是反过来——如今包括了像旋转(spin)这样的性质,而旋转的定义里没有空间广延。这样的精确名单也许并不是哲学的主要兴趣所在,但重要的一点是,哲学家们现在同意将"自然界的最终成分"这个问题委托给物理学家。物理学现在被认为是"自然世界"的权威,而与之对立的心理学和主观性涉及的领域则是为人文学科量身打造的。

如果肮脏被描述为对象的第一性质和第二性质对我们产生的

① Ibid., § 17.

② 关于"第二性质"的概论,包括解释这一观念在历史上是如何演进的,见 P. M. S. Hacker, *Appearance and Reality: An Investigation into Perception and Perceptual Qualities* (Oxford, 1991)。

③ 洛克在其著作的不同段落中提出了不同的名单(全部都包含在洛克的论著第二册第八章):"各部分的体积、形状和运动"(§ 17);"各部分的尺寸、形状、数量和运动"(§ 18);"实体部分的体积、形状、数量、位置、运动或静止"(§ 23);"体积、形状、质地或运动"(§ 24)。

心理效应，那么它可能被归类为“第三”性质。[1] 从微粒论或唯物主义的自然哲学的观点来看，肮脏引不起任何兴趣——也许有一个例子除外，就是我们有一个难懂的心理习惯，会把主观的性质投射到对象之上。

作为“第三”性质的肮脏

认为世界的某些被感知到的性质是主观的，这一观点自然地遵循了第一性质和第二性质的学说，但当浪漫主义历史意识开始质疑“人类心智在任何地方都是一样的”这一观点时，这种学说又出现了新的转折。我们对世界的经验不仅反映了一般的人类境况，而且反映了文化上的具体情况。留给人类学学科去研究的是心理的、文化的和社会的运行机制，这些机制多半会给物质世界带来主观色彩。对肮脏的哲学研究兴趣的复兴与始于 19 世纪末的人类学研究的发展有关。在当时的普遍文化意识中，人类学不仅仅是要回答关于南半球各种非工业文化的具体问题；对“野蛮人”的研究还将澄清有关人类本质和命运的问题。就今天所能谈论的关于肮脏的公认哲学观点而言，这也是人类学著述的产物。

公认的观点在民族学家约纳斯·弗莱克曼(Jonas Frykman)的

① 尽管，洛克还引入了另外一种三分法，在这种划分中，物体的“第三”性质是它们影响其他物体变化的能力，就像太阳有能力熔化蜡一样。Ibid.，Book ii，Ch. viii，§§23-4.

一篇文章中得到了很好的表达。这篇文章初步讨论了 20 世纪初瑞典农民和资产阶级的清洁观念。

> 我们所经历的这种(恶心和讨厌)感觉,尽管被认为是自然和本能的,但实际上在极大程度上都是由文化所决定的。"恶心的""肮脏的"以及它们的近似概念并不是存在于对象本身的性质。我们就是这样的人,我们会认为痰盂或鼻涕虫属于恶心的力量。恶心作为一种感觉肯定存在,但我们觉得某物是讨厌的,这是我们学来的。①

然而,弗莱克曼却不假思索地在"肮脏的"和"恶心的"之间假定了一种毫无根据的一致性。弗莱克曼认为恶心和肮脏"这类概念"并不是"存在于对象之中的性质",一个善于理解语言的读者(无论是瑞典语原文还是我的翻译)可能也会对这一断言有所回应。反正,除了"概念"不是性质之外,其隐含的观点还有一点很奇怪,那就是,为了被当作是真实的,性质必须存在于对象"之中"。对象确实有性质,但性质并不像蛋糕里的樱桃那样存在于其中;这就是为什么我们说雪球是圆的,石头是硬的,但通常不说圆存在于雪球之中,不说坚硬存在于石头之中。什么是"圆的"——这也是我们学习到的东西,大概是因为我们生活在一个使用"圆"概念的文化中。

弗莱克曼声称已经确认并消除了据称普遍存在的混乱,事实

① Jonas Frykman, 'Hel och ren. Kropp och tanke hos bönder och borgare', in *Den kultiverade människan*, ed. J. Frykman and O. Löfgren (Lund, 1979), pp. 131-220, at p. 135.

上，要解释清楚这种混乱绝非易事。我们通常感到恶心，是因为提到了某个可疑对象的恶心之处，而不是说恶心存在于其中。在弗莱克曼的描述中，“存在于对象中的性质”这个相当尴尬的短语实际上是从洛克的原作中继承下来的。洛克想表达他对中世纪“真实的偶性”学说的不同意见。这一古老的理论假设，特定的性质可以被理解为，对象中存在着某一类东西——比如说，一种暖的或高热量的实体可以解释“温暖”的在场。弗莱克曼的奇怪表述是延续着洛克对一种物理理论的论战，而这种物理理论现在几乎已不复存在了。

不管怎么样，我们都应该注意到，当代对于肮脏的理论思考中有一个相当大的共识：肮脏并非真有其物，而是另有它物。在我看来，这种化约论的观点被接受得过于轻而易举了。

第三章　肮脏与干净：主要区别

我们必须在保持自然本性的事物中——而不是在腐化堕落的事物中——寻找自然的意图。

——亚里士多德《政治学》[①]

“肮脏的”与“肮脏(物)[②]”

我们很熟悉这个词，但我们在什么时候使用它，又为了什么目的使用它？一眼就能看出，“肮脏”这个词通常用于对象、物质、地

① Aristotle, *Politics*, trans. Benjamin Jowett (Oxford, 1938), i. 5, 1254a.

② 作者在两种意义上使用 dirt 这个词，一种是肮脏的状态，另一种是肮脏物、污物、污垢，中文翻译对此根据情况略加区分。

方、生物或它们的身体部位。此外,一个人的生活方式和习惯可以被描述成是肮脏的,他或她的道德生活中的各种观念、意图和其他特征也可以如此描述。无论如何,可以说“肮脏(dirt)”和“肮脏的(dirty)”原本属于对物质对象的描述,从历史上看,其他用法似乎是从这些描述衍生而来的。英语“dirt”可能来自古斯堪的纳维亚语“dirt”,意思是“粪便”。① 在早期用法中,这个词用来指一种特定的物质。一个相当近似的用法仍然在一种特殊情况下存在,就是当使用“dirt”来指一种土时,如“road dirt(路上的尘土)”和“dirt pie(泥饼)”,或者指由“dirt farmer(自耕农)”耕作的非生产性土壤。无论如何,一般用法中,“肮脏”“肮脏的”与“干净(clean)”形成了鲜明对比,其使用方式截然不同。这将成为我们关注的焦点。

“肮脏的”——和“损坏的”“碎裂的”或“凹陷的”一样——意味着某种缺陷。这里隐含了一种理想的、无瑕的、正常的状态,以及偏离这种状态的情况。暗含的意思是,肮脏的对象需要清洁。而且,通常我们不需要给出理由,来说明为何偏爱正常状态而不是非正常状态。② 相反,虽然也有这样的可能,我们也许希望某件物品被弄脏或损坏,但这总归是需要解释的。摇滚音乐人有时说他们想要一个刺耳的声音(dirty sound)。整洁是一般规范,必须在这个公认的背景下,这一点才能得到理解。

---

① *The Concise Oxford Dictionary of Current English*, ed. H. W. Fowler and F. G. Fowler (Oxford, 1956), p. 339.

② 亦参见 Jerzy Faryno, “Neskol'ko obščih soobraženij po povodu konceptov ‘grjaznyj/čistyj’”, *Studia Litteraria Polono—Slavica*, iv (1999), pp. 59-62。

“肮脏的”在另一方面也和“损坏的”类似。在逻辑上，这种用法的基本概念不是把肮脏当作一个实体，而是当作被弄脏或污损了的基础物体之性质。当两个要素结合在一起时，这种特性就出现了：一种不需要的物质会接触到一些被认为需要保护的物品。附加物聚集在原来的物品上，黏附在上面，对液体来说则是混了什么东西进去。一般意义上的肮脏当然是由物质组成的，但它叫“肮脏”，乃是由于它与主体对象的关系。类似，当水作用于对象物时，它就湿了，并且得持续潮湿一阵子。潮湿是由“水”这种物质组成的，但是水唯有与其他物质（衣服、毛发、空气等）结合才能变为潮湿。

一种物质是肮脏物，当且仅当它被发现与被弄脏的对象有关联时。这样做的一个后果是，如果一个人试图提前列出所有肮脏物质的清单①，那么在术语上就会出现矛盾，更不用说提出“肮脏物”的化学分子式这种明显荒谬的想法了。从这个意义上说，尤斯图斯·冯·李比希（Justus von Liebig）是对的，（传言）他说过，“*Für die Chemiegibteskeinen Dreck*”（对于化学来说，粪便是不存在的）。整个化学科学都被化学物质的概念所渗透。化学物质是根据它们的组成来分析的，它们被理解为仅仅是自身，而要撇开它们更广泛的使用背景。一小片污物一旦被拿来分析，它就会被简单地当作一种

① 比较努斯鲍姆在“所有恶心的对象”的这项研究中的看法（Martha C. Nussbaum，“‘Secret Sewers of Vice’：Disgust，Bodies，and the Law，in The Passions of Law”，ed. Susan Bandes（New York，1999），p. 24，and Chapter One of the present volume）。另一方面，煤尘可能被称为是“肮脏物质”（正如 Ieuan Lloyd 在 1995 年 4 月 15 日的讨论中向我指出的那样）。煤尘是脏的，大体上和水是湿的一样：我们必须想一想煤尘会与其他物质接触，例如与之打交道的人的手和衣服。问题的关键是，与煤尘的接触会永久地产生清洁的需要。

物质来处理，它的肮脏性就“消失”了。“污物”缺乏独立的身份，这也意味着人们不能有意识地制造污物——从这个词当下的相关意义来说——并将其保存在堆垛或纸板箱中以备后用。[①] 这种场景中内在的矛盾（我有意这么认为）在艺术家詹姆斯·克罗克（James Croak）的《肮脏物窗户》系列作品中被凸显出来。2011 年，这组作品在伦敦的韦尔科姆收藏馆（Wellcome Collection）的“污物”展览上展出。根据展览目录的描述，艺术家“把肮脏物摆成窗户的形状”，就产生了具有窗框的大小和形状的黑色物体。这些坚硬的、像砖头一样的干净物是收集了“肮脏物”和处理“肮脏物”的结果[②]，到达此过程中的某一点时，曾经是肮脏物的东西已变成回收了的、洁净的物质。[③]

在弄脏过程中，附加物通过某种方式黏附到主体对象上而变成肮脏物。用化学术语来说，它必须黏附在邻近的物质上，或者拿液体来说，里面混进了物质却无法完全溶解。附加物越黏，它就越容易弄脏物体表面——这就是为什么萨特独独挑出糖蜜，认为它是一

---

① 亦参见 Christian Enzensberger, *Grösserer Versuch über den Schmutz* (Munich, 1970), p. 30。

② *Dirt: The Filthy Reality of Everyday Life*, ed. Nadine Mone (London, 2011), p. 67.

③ 根据维基百科的说法，克罗克的肮脏物雕塑从用黏土塑形开始，然后运用塑像来制作一套模具。在此之后，“克罗克挖来或得到大量的肮脏物，并在巨大吹风机的帮助下弄干它。（下一步），克罗克将肮脏物与黏合剂混合在一起，然后将这种混合物倒入模具中。（最后），一旦做好，雕塑的碎片就会以被创造出来的一模一样的肮脏物和黏合剂的面目被重新组装和黏在一起。”维基百科，“James Croak”，https://en.wikipedia.org, accessed 13 June 2016.

种特别能引发“畏(Angst)”的食物。[①] 这个一般原理排除了密实的或粒状的物质作为肮脏物的候选物质，如木片或沙粒。例如，头皮屑在这个意义上就不是肮脏物。“布满灰尘的”与“肮脏的”不一样，但表层上的灰尘在潮湿时可能变成肮脏物。相反，肮脏物可能在物体表层干掉，留下一层外壳，后来就分解为灰尘。黏附在物体上这个要求还意味着液体本身不构成**肮脏物**，即便它们可能是肮脏的，并留下污渍以及污染其他液体。根据定义，洗碗机或多或少地被认为是肮脏的，而不是肮脏物。另一个隐含的要求是，想要被算作是肮脏物，附加物不能完全被吸收或溶解在主体对象中。室外的空气通常不能称之为肮脏的，但可能是被污染的或不洁净的(在城市的高峰时段)；室内空气可能被认为是不通畅的或糟糕的。非正常状态一定程度上被认为是可逆的——通过清洁，或者拿液体来说，通过筛滤和撇沫。如果状况看上去是永久性的，我们就开始认为它是主体对象的本质所固有的，然后把这个物体描述成是**掉色的**、**被污染的**或**毁坏的**。

主体对象与附加物

这些描述暗含着主体对象和附加物之间的等级关系。主体对象本身被看成是有价值的或有吸引力的，而附加物则被贬低为一种

① Jean-Paul Sartre, *Being and Nothingness: An Essay on Phenomenological Ontology* (London, 1969), pp. 610-12.

干扰因素。

对于主体对象和附加物之间的特征关系，也许用经院哲学的术语——源自亚里士多德的**实体**与**偶性**的概念——才能获得最佳理解。自中世纪以来，“实体”获得了更多的含义，这些含义读者现在必定会忽略掉：在哲学上，其意思是不特定的“东西”；在警方报告中，其意思是毒品。实体与偶性的最初区别，强调两种性质之间的区别，前者在本质上属于某个对象，后者某种程度上是加到对象之上的。在当前语境中，对象的特性、本质或实体被概括为对其“正常状态”的描述，即其正当的、标准的正确状态。像肮脏、损坏和磨损之类的偶性不会改变底层实体的本质。

托马斯·莱迪(Thomas Leddy)在他论“日常表面审美性质”的论文中①，准确地运用了实体与偶性之间的这种对比。他把“肮脏的”描述为“一种**表面**性质”。他这么说的意思不仅仅是在说污物聚集在物体表面上。某种液体可能完全是肮脏的。在油性头发这个例子中，人们通常不能指出特定表面上的污物，头发的总体状况才是最重要的。然而，这些判断涉及一个普遍观念，即认为人们应该区分特定实体本身和任何附上去的东西。对于莱迪而言，“肮脏的”是一种表面性质，只要它从分析上可以区别于主体对象的最根本的“底层形式或实体”。这种思考区分了肮脏物与许多其他不需要的

① Thomas Leddy, ‘Everyday Surface Aesthetic Qualities: “Neat”, “Messy”, “Clean”, “Dirty”’, *Journal of Aesthetics and Art Criticism*, liii (1995), pp. 259-68. 这篇论文的修订版收录在 Thomas Leddy, *The Extraordinary in the Ordinary: The Aesthetics of Everyday Life* (Peterborough, on, 2012)。

东西，如废品、废弃物、废物、垃圾和粪便[①]等——顺便说一下，在许多有关肮脏和不洁净概念的影响深远的论述中，这种区分没有得到尊重。[②] 一个“废弃的”对象就是废弃物或像废弃物，但肮脏的对象不是肮脏本身。相反，这意味着对象恰恰需要清洁，因为它和肮脏是不同的东西。

莱迪把整洁的、凌乱的、干净的和肮脏的都算在“日常表面美学性质”之内。这些性质要求一种被整理过的、被弄乱的、被清洁过的或被弄脏的底层结构。[③] 相应地，“整洁”和“干净”的定义是表面性质，这暗示着我们的整理与清洁工作在美学上最重要的功能是揭示一种底层形式。“例如，整理或清洁外墙或房间可能揭示出具有自身美学特性的底层结构。”整洁这个观念帮助我们辨别事物的真实性质，这种性质是早期功能主义建筑中典型的白色那种美学的基础。[④] 根据功能主义先驱勒·柯布西耶(Le Corbusier)的说法，在

---

① 对应的英文分别是 trash、refuse、rubbish、garbage、faeces。——译者注

② 例子参见 Georges Bataille, ‘La valeur d’usage de D. A. F. de Sade’ in Georges Bataille, *Oeuvres complètes*, vol. ii (Paris, 1970), pp. 54-73; Mary Douglas, *Purity and Danger: An Analysis of Concepts of Pollution and Taboo* (Harmondsworth, 1970); Julia Kristeva, *Powers of Horror: An Essay on Abjection* (New York, 1982); Nussbaum, ‘Secret Sewers of Vice’。

③ Leddy, ‘Everyday Surface Aesthetic Qualities’, p. 262.

④ Ibid.

一层白色珐琅涂料的衬托下，“一切都呈现出本来的样子”。①

我们关于弄脏的判断的背景假设必须为，主体对象在原则上可以清洁，在某种意义上需要清洁并且值得清洁。② 也许这就是为什么，几片卫生纸通常不被形容为肮脏的，而是被形容为用过的。我们认为那里根本不存在值得清洁的实体；当然，在这种情况下，清洁几乎是不可能的。用过的卫生纸被称为是肮脏的，主要是当它可能弄脏其他对象的时候。这里勾勒出来的规范性立场暗含了对（有价值的）主体对象和（无价值的）附加物的相对价值的判断。另一方面，它并不总是需要一个固定的先天集合。如果食物掉落，可能会毁坏地毯，但有时候我们也说，食物要是落在地毯上，地毯就毁了。

各式各样的糟糕

上面的讨论提出了三个结论，现在要做进一步探讨。

1. 肮脏只能在其与主体对象的关系中被概念化；

2. 与肮脏相关的概念是依据目的来定义的；

① Le Corbusier [Charles－Edouard Jeanneret], *L'Art décoratif d'aujourd'hui* 1925 (Paris, 2008), p. 191. 着重号是原文就有的，英文译文来自作者自己的翻译。勒·柯布西耶争辩说：“如果一座房子是全白的，那么事物的设计就表明其自身不会有任何可能的违规。……白色涂装是绝对的，一切都在显示着，一切的轮廓都被绝对地描画出来，黑色在白色之上；这是诚实而忠心的。……这是真理之眼。白色涂装是非常道德的。”同上，第 193 页，着重号是原文就有的，英文译文来自作者自己的翻译。

② Ibid., 260.

3. 判断一件物品是干净的还是肮脏的，总是与环境或形势联系在一起。

现在来做一些解释：

1. 肮脏(性)和主体对象。每一个主体对象都是以自身的方式肮脏或干净着——就像“损坏”意味着各种不同的情况，具体是哪一种，取决于损坏发生在哪一类对象物上。对于每一个对象，想要了解这是什么类型的物体，最要紧的是要明白它可能会如何被弄脏、受损或偏离正常状态。这种理解也体现在我们对清洁方法的选择上。砂纸可以用来清洁一块木头而不是一张CD。清除服装、唱机或头发的肮脏，不仅要求我们关注污染物的性质，我们还要对主体对象的种类有大体上的理解。

主体对象的身份反过来又关联着这样一种观念，那就是，物品在生活中都有着其用途，过一种这样的生活意味着什么。在这里，最重要的是，我们评判的许多对象都是人工制品，它们以设想好的功用被有目的地制造出来。然而，由于人类的聪明才智，人工制品的可能用途通常远远超出制造商的初衷——想一想用CD做成稻草人，音乐家使用衣夹来固定乐谱，一般来说，几乎各种物件都会被用作家里的装饰。

2. 目的论。概念和描述都是目的论的，如果它们内在地与目标或目的之观念相关的话。然而，这并不是说，我们必须能用积极的话语来形容令人满意的最终状态。我们对理想状况的隐含理解往往只表现了我们对缺点的认识。

在《形而上学》中，亚里士多德问，哪些实体，其遭受损坏是可以想象的。根据他的说法，“受损”或“残损”的描述仅适用于实体（对象和生物），它们是“整体”，而不只是“总量”。“整体”是由几个部分组成的统一体，它们是系统地结合在一起的。例如，一个有把手的杯子是一个“整体”，但水不是——“整体的水”只能表示像“整杯的水”这样的东西。根据亚里士多德的说法，如果能被残损，“事物必须是这样的，它们凭借其本质而拥有特定的位置”；事物的本质决定了它各部分的内部次序。[①] 用大白话来说，意思是，举个例子：砍掉一条手臂会马上让人轻一些。然而，少了一条手臂的人不仅轻了几磅，而且还缺少了人的本质，因为人被定义为有两条手臂的双足动物。在这方面，生物和大多数人工制品不同于水或蜡等材料，后者允许有所增减而不改变它们的实体。（亚里士多德指出，数字也不能受损，但这是出于相反的原因：当一个数字“减少”，数字就会完全改变。）总之，损坏的概念涉及这样一种观念：对象的当前状态与其本质不匹配。

任何东西在目的论上被规定的状态不是同一回事。同一对象可以以各种方式进入人类活动和实践，并承担许多功能（或失效）。因此，我们的清洁功夫不仅仅是屈从于务实的考量。在大多数情况下，清洁与广义上的美学更有关联。例如，我们从一扇刚擦干净的窗户上得到的乐趣，并不仅仅是看玻璃窗时的通透视线带来的实用价值。我们喜欢那种室内和室外的界限似乎突然消失的感觉，那种让春天进入房子里的感觉。

---

① Aristotle, *Metaphysics*, trans. W. D. Ross, in *The Works of Aristotle*, ed. W. D. Ross, vol. viii (Oxford, 1960), pp. 1023b-1024a.

3. 语境性。“你的手干净吗?”我可能会这样来回答这个问题:反问我想要用我的双手做什么。“某某是干净的吗?”可能会有完全不同的含义,这是因为对于主体对象的用途有着不同的假设。这些事被问起,是出于一个具体的原因,而不是出于了解世界状况的一般愿望。

思考一个类似的问题。渔夫把鱼拖到船上时,鱼是湿的。但鱼在它们自己的环境里,在海里的时候,也是湿的吗? 也许我们倾向于回答“是”,但这整个问题显然是可疑的。“湿”通常适用于干物和湿物之间形成有意义对比的情况,而不适用于在自然栖息地的鱼。在我们知道我们不能给你一个有把握的答案之前,我们就会很好奇为什么你会这么问。

“某某是干净的还是脏的?”这个问题也是类似的。“杯子是干净的还是肮脏的?”这个问题的正确回答是,当我坐着,捧着杯子放在腿上,等着续杯时,就是“干净的”;而当你把杯子收拾起来,同其他人的杯子和杯碟一起放入水槽时,就是“肮脏的”。[①] 我的茶杯从干净到肮脏的转变看起来很神秘,因为这个过程与物品本身可见的任何物理变化都不一致。我们是否应该说根本没有改变? 或者我们应该说这种转变仅仅是基于大众看法的或象征性的? ——这个观点常常在对肮脏和污染进行理论探讨时得到支持。

① Cf. Faryno,‘Neskol’ko obščih soobraženij’, p. 60. 从作者的英译翻译过来:“晚餐未用完,盘子已经空了,客人仍然拿着刀叉,此时的盘子仍然是‘干净的’;而在同一次晚餐中,同样的盘子,但客人在等待着下一道菜,此时的盘子已经是‘肮脏的’。”

在这里我们需要明白的是，情境变化就像任何物理变化一样是“真实的”。说“肮脏的”和“干净的”是对象的真正性质，这是对的；说在一种情况下算作干净的东西，在另一种情况下算作是脏的，这也是对的——而这两者也并不矛盾。明显的矛盾只会由问题所隐含的假设产生：“这个杯子是脏的吗？”这个问题有一个完全固定的含义，不管情况如何，含义都保持不变。

这种对语境的依赖经常被忽略，不管是在这里还是在其他地方，因为在日常生活中我们提出的问题的背景在很大程度上是显而易见的。在茶话会上，我会知道你是要给茶水续杯，还是要收拾茶杯。但引入了一些歧义，情况又变了。想一想这个问题：一棵树是否是脏的。如果这个问题出乎意料地被问到，而又说不出为什么，那么合理的分析是这个问题还没有真正被提出。目前我们还没有被告知**为什么**它被问及，因此我们不知道什么才是一个好的答案。树的目的是什么？它应该仅仅长在森林里吗？它是花园里的装饰元素，是来日的木材和柴火，抑或是一个可供攀登的地方吗？但真实的交流绝不至于如此不着边际。设想一个孩子想在星期天最美好的时刻爬上一棵湿漉漉的树。那这棵树脏吗？这个问题不会有任何困难，而我们也不会认为问题完全是主观的。我们这里所拥有的是对象和情境之间的相互作用：情境决定了对于对象的期待，而对象的特性决定了它**可能**涉及哪些情境种类。

主要和次要的主体对象

主体对象也可以从其他对象的目的论的角度来评判。通常情况下，引起评判的原因不是要关注对象的状态，而是担心脏对象可能弄脏其他东西。“你的手干净吗?”这个问题被问起，几乎总是因为脑海中带有这些顾虑。这当然与人类双手在处理或操纵物体中的独特作用有关。例如，我评估保湿霜是否会弄脏我的手，这取决于我接下来打算做什么：何种类型的弄脏对于我将要触摸的东西是不可接受的。

引入主要的和次要的主体对象这样的术语来确定这种区别，会很有帮助。当添加物附着在主体对象上，干扰或模糊其本质、理想状态或目的时，肮脏就出现了。现在我们应该加上：在弄脏过程中，对象(现在是主要的主体对象)的目的被不想要的添加物干扰；或者存在着这样一种风险，受影响的对象(现在是次要的主体对象)可能干扰其他对象(主要的主体对象)的目的。在这两种情况下，正是主要的主体对象的目的，最终将情况定义为是否弄脏。主要的主体对象被清洁和保护以防弄脏，是因为其自身的缘故；而次要的主体对象则在有弄脏主要的主体对象风险时，就会被清洁。

举个例子，想想当我的鞋子在泥泞的森林中行走时毁了，会发生什么。地面被看作是脏的，因为我的鞋子得被保护起来。但当我到家时，我的鞋子现在就被认为是肮脏之物，而地毯则成了需要保护的部分。这说明主要的和次要的主体对象之间的区别不是不同种类的对象之间的区别，而是对象作为肮脏的载体，有着两种角色的区别。同时，某些对象更经常以某一种角色出现，而不太以另一种角色出现。举例来说，人脸和眼镜通常作为主要的主体对象出现，而很少是次要的主体对象。它们通常是由于自身的缘故而被清洁。相反，像呕吐物之类的物质很难想象是被肮脏附着的主要的主体对象。可能除了在医学和卫生保健方面的研究之外，我们对于上好的样品和有缺陷的样品之间的分别没有什么概念，我们也不清楚要用什么来清洁它，除了把它从地板上清走。

弄脏的不同程度

每个对象都有自己的干净和肮脏的方式，这为任何定量比较制造了困难。大多数情况下，我们只是比较相同物体清洁前后的状况，或者像两件白衬衫一样，比较不同但性质相似的物体的状况。如果这两件物品在种类上完全不同，那么比较它们被弄脏的程度的想法将引发一个问题，为什么一开始比较就应该是相关的。原因可能以一种互相关联的形式出现，例如，当你说“这水比衬衫更脏”时，在那儿是洗不了衬衫的，也许是因为它已经被用来洗太多的其他衣服了。

为了论证起见，试着想象一个从绝对肮脏到绝对干净的普遍的、可量化的尺度，为每个可以想象到的对象准备一个位置。地面、街道和地板要放在靠近下端的地方，消毒手术器械则要接近上端。然而，任何试图解释这种衡量体系的尝试都是彻底的误导。对于一个对象而言的肮脏状态，可能是另一个对象正常、无瑕疵的状态。精心清洁的地板可能比没洗过的手术刀携带着更多的外来粒子。通常，“干净的地板”只是让客人觉得美观的地板——其要求不是让地板能安全地接触开放性创口。事实上，从医学角度讲，健康的地板应该带有一定量的灰尘和微生物，以防止儿童过敏症的发展。即便对于同一个对象，判断也必须根据情况而有所不同。

清洁的可量化程度的概念涉及更复杂的情况。如果贯彻其逻辑推论，除了绝对真空，没有其他元素可以算得上是完全干净的；只有纯粹的虚无才做得到。安德瑞·孔德-斯朋维勒（André Comte-Sponville）在他的著作《伟大美德小论》（*A Small Treatise on the Great Virtues*）中恰好阐述了这一点。

纯净的事物是干净的、无污点的、未污染的。纯净水是未经混合的水，而水只不过是水。请注意，这种水实际上是死的，这一事实说出了许多东西——关于生命和某种对纯净性的眷恋。任何活着的都是脏的，所有干净的都是死的。因此，我们在游泳池里加氯。纯净是不可能的；我们只能在不同种类的不纯净中选择，而这种选择的实践我们称之为卫生……纯净……跟死亡和虚无在同一边。当水不含细菌、氯、钙或矿物盐时，它就是纯净的，且就只是水而已——换言之，一种并不存在的水，或者更确切地说是只存在于实验室的水。这样的水，闻不见也尝不出味道，如果我们只喝这个水，

> 就会要了我们的命。此外，它仅在一个级别上是纯的。如果氢分子会说话，它们会抗议氧的污染，而每个原子核会抱怨被迫与电子形成不纯的关联。只有虚无是纯净的，而虚无就是什么也没有：任何存在的事物都是无限虚空上的污点，所有的存在都是不纯净的。[①]

我不同意作者的这篇《小论》(有 368 页)。摆脱肮脏，与卫生或同质性不一样，对于后两种情形来说，他的描述是部分适用的。水槽里含氯的水是干净的。海水、盐和微生物在海洋中是干净的。对于孔德-斯朋维勒来说，这两个干净的案例都被算作是不纯净的或不干净的水。他显然被误导了，与化学纯度或同质性概念进行了错误类比。物质的化学纯度可以定量地表示；在这种情况下，绝对的纯净意味着完全没有外来物质。“纯净是不存在的”[②]这个结论来自对纯净的定义——用绝对纯净来定义纯净，这与其说是存在的或可达到的状态，不如说是化学分析的理想极限。

化学纯净与作为干净的纯净之间的关系，可以更恰当地看作是类似于几何尺寸概念与“大”“小”概念之间的关系。“大”和“小”无疑与几何测量的实践有关，但不同于几何学，它们不能用来构造一个通用衡量体系。如果你把一支大铅笔遗失在一辆小汽车里，不会有什么矛盾。用维特根斯坦的说法，正在玩的是两种不同的语言游戏。

---

① André Comte-Sponville, *A Small Treatise on the Great Virtues: The Uses of Philosophy in Everyday Life* (New York, 2003), pp. 174-5.

② Ibid., p. 182.

干净与肮脏，纯净与不纯净

“肮脏”不仅与“干净”，也与“纯净”形成对比。反过来，“纯净”有时与“肮脏”和“污染”形成对比，有时与“混合”形成对比。当水是“纯净的”时，它既不是肮脏的，也没有被混合。自来水不是肮脏的，但它可能含有添加物。未受干扰的山湖之水中没有添加物，但不一定不脏，而蒸馏水则既不脏也没有添加物。

一块纯金——未经混合的纯金——可能是脏的，不会让人觉得有矛盾，这表明“肮脏”不是“混合”的同义词。隐喻用法也是如此。“纯净”在某些情况下被理解为同质性。我们很熟悉在“同质的”这个意义上的“纯净”，例如，从“纯酒精”“纯样品”和“纯废话”这样的表达中——也就是说，纯粹的废话，除了废话什么都不是。“纯净的教义”是指未经混杂的、原初的、无可指责的教义。

“纯净”也可以代表一种未受干扰的、无瑕的、理想的或原初的状态，未经干扰的大自然就会被描绘为纯净的。然而，初始的纯净状态可能会被外来的元素扰乱。一旦未被触碰的状态被扰乱，它就永远失去了，它的恢复是人不可能做到的。天堂是纯净的，而不是干净的。[1] 相反，“干净”通常表示某人通过清洁带来的一种状态。

① 卡尔·马克思指出，在英语的“精神”中，“用日耳曼语来形容实际的事物，用罗曼语来形容对事物的反思”。Karl Marx, *Capital*, vol. i, trans. Samuel Moore and Edward Aveling (New York, 1967), p. 36, fn. 1.

它不是一种初始的状态，而是有意识地清洁的结果。因此，清洁活动是清洁卫生在逻辑上的起点；一件崭新干净的衬衫大概率是一件已经洗过的衬衫。一件干净的衬衫吸引我们的不仅是它的原初品质，还有让这些品质展现出来的清洁操作。莱迪在这个时候评论道：

> 的确，当一幅莫奈的画被清洁干净时，我们能够更好地欣赏其底层结构和色彩的明艳。然而，经常出现的情况是，当某物被清洁时，我们仅仅欣赏它的干净，特别是当我们刚清洁完它时。想着用极大的努力来清洁一些东西，会有相当大的乐趣。我们喜欢的不仅仅是被清洁干净的物品，而且还有过程和成果的结合：清洁行为和被清洁之物的本性。①

带着多少有些推测性的语调，也许可以说，肮脏的事物居于时间上的某一点，两个未被污染的极端之间的那一点：它居于未被打扰和被清洁干净之间。被清洁是让对象变回其原初状态，但是现在不同之处在于，这种状态是人类努力的结果。“净化”也是一种可能的行动，但它似乎通常表明了比单纯的清洁更激进的东西——它更像是创造一个全新的开始。

根据语境的不同，“纯净”可以承载积极、消极和中立的联想。我们说纯金、纯胡说和纯巧合。尽管，有充分的理由认为积极的评

① Leddy, ‘Everyday Surface Aesthetic Qualities’, p. 264.

价是主要的，消极的或中性的用法是派生的。像“纯胡说”和“纯巧合”这样的短语看起来像惯用表达，其中“纯”这个字不再是独立的成分。[1] 因此，虽然有可能说“这金子是纯的”，但我们通常不说“这胡说是纯的”或“这个巧合是纯的”。正如沃克(A. D. M. Walker)在关于这个话题的一篇论文中所指出的，“某物是纯的”这类表达似乎假定了某物的纯净性是有某种好处的。[2] 我们大多数人都不难理解“某物是纯的”为什么会用于黄金，因为我们认为黄金与有价值几乎是同义词。我们当然可以想象，在某些情况下，谈论泥巴或呕吐物的纯净性也是有道理的，但前提是我们知道为什么这种状态应该被认为是值得追求的。另一方面，某物的纯净性的好处，似乎并不要求必须把添加物看作是负面的。想一想铜与百分之一的黄金混合在一起。这时黄金被描述为杂质，但这仅仅是因为黄金是另外的，而不是因为要评判这种材料的纯度。[3]

在纯净和不纯净的对照中，首要的概念有时是这个，有时则是相反的那个。有时，纯先被定义，而不纯就是任何偏离纯的东西。对于“纯金”和“纯蓝”来说，纯的某物是起点——无掺杂的金和无掺杂的蓝。在这个用法中，“纯水”的意思是“没添加其他任何东西的 H_2O”，而“不纯的水”意思是“H_2O 加上混合物”。有时，纯净性的归属逻辑是相反的。说话者心中持有一些特定的不纯净观念，“纯

---

[1] Lars Hertzberg，和作者的讨论(无日期)。

[2] A. D. M. Walker，‘The Ideal of Sincerity’，*Mind*，lxxxvii，New Series (1978)，pp. 481-97，at p. 490.

[3] Ibid.

净”的定义是不存在有毒物质。假定某物之纯净是有好处的，但现在评判的程序则有所不同了：它始于这样的评估，即某物中添加的哪类物质是令人不安的。沃克认为“北威尔士的空气”就是这样一个例子。说北威尔士的空气是纯净的，不是在说它只是空气，除了空气之外什么也不含，而是说空气里不携带令人不安的或破坏性的物质。① “纯水”在第二种意义上是指无污染的水。类似，沃克指出，说血管不纯净时，其含义不是它的某部分由不是血管的东西组成，而是血管里有不应该存在的东西。

某人的行为可以被描述为纯粹的游戏或仅仅是游戏，其中的含义是，与外在相反，它只是一个游戏，不应该照表面来看待。另一方面，当一场真实的足球赛是“纯粹的”时，关键不在于它是一场比赛而非别的什么，而是说，它没有诸如作弊等令人不安的因素——不是一场不纯粹的比赛，或者说更糟，一场肮脏的比赛。

肮脏与相对性

不同的个体和文化对肮脏的反应往往不一致，这在理论争论中经常被用来推导出这样的结论：肮脏是相对的——“它存在于观察者的眼中”。② 然而，先前的分析表明，关于弄脏的分歧经常与情境的模糊性联系在一起——关于对象的特性及其在当前情形中的作

① Ibid.，p. 491.

② Douglas，*Purity and Danger*，p. 12.

用。为了理解肮脏在什么意义上是“相对的”，因此最好区分两种形式的分歧：

1. 基于对肮脏的敏感程度的分歧。

2. 基于评判所讨论对象的不同方式的分歧，可以进一步分为以下几种：

(1)关于此类对象的特性的差异；

(2)关于对象在不同情况下的作用的差异；

(3)关于对象在某一情况下的作用的哪个特定方面应该是相关的，在这一点上存在的差异。

关于对肮脏的敏感程度，我倾向于认为我们的差异小于通常的假设。在任何情况下，容忍程度的不同并不意味着对事实的不同看法。恰恰相反：如果我们谈到敏感程度或容忍程度的差异，我们就已经假定事物具有恒常不变的特性，人们对这些特性有着不同的反应。正是因为我们的敏感程度不同，“肮脏”不能简单地被认为就是那些超出了特定个体或文化的容忍阈值的东西。然而，在另一种意义上，肮脏仍然是相对的：它与主体对象的各种不同概念有关。

我们用什么方式来判断一件东西是干净的还是肮脏的，表明了我们把它看成什么样的东西。因此，怎么确定冰箱是否需要清洁这个问题，通常是用观察内部而不是检查背面状况的方式，因为背面的状况在很大程度上(除了积了很多灰)与其功能并不直接相关。另一方面，主体对象的特性常常容许歧义，这一点甚至可能被有意识地利用。典型的例子就是，低级别军官惩罚新入伍的士兵，因为他们没有掸掉兵营房门顶部的灰尘。

另一个在文化上更有趣的案例与安娜·玛格达琳娜·米特加德(Anna Magdalena Midtgaard)有关,她在哥本哈根皇家图书馆(Copenhagen Royal Library)的善本图书部工作。① 关于特定对象上的什么东西是肮脏的,这一观念反映了我们的如下想法:什么是天然属于该对象的,以及什么是算作外来添加物的。米特加德在一篇讨论保护书籍的论文中提出了这一点。今天各大图书馆都有定制的书用吸尘器,还有清洁和熨烫书页的技术。有些图书馆馆员认为尽可能地从旧书卷上清除污渍和灰尘是很重要的,他们认为新书是理想状态。其他的人会采取更保守的方法。花粉和沙子的颗粒可以被看作是书卷历史的一部分。它们有时候包含了一些有用的信息:关于书卷原归属地,以及哪些人把书卷传递到了当前的地点。图书馆馆员之间现有态度的差异不仅反映了他们的品位、容忍度和敏感度的差异,还反映了他们对书本身特性的看法。污渍既可以被看作瑕疵,也可以被看作光泽;既可以被看作是外在于书卷的东西,也可以被看作是书卷的天然特征。从技术角度讲,光泽无法与磨损、肮脏区分开来,但是将其描述为"光泽"暗示着把它清除掉是野蛮的。旧手卷一定能够向我们传达"我五百岁了"的信息,但它不一定非要喊出"我五百年前是新的"。

关于主体对象的本性的歧义有时可以追溯到室内和室外的差别,这显示了不同文化之间的差异。人们对这种差别有着不同的感

① Anna Magdalena L. Midtgaard, 'The Dust of History and the Politics of Preservation', paper for the Nordic Summer University Winter Symposium, Circle 4: Information, Technology, Aesthetics, 3-5 March 2006, Helsinki.

知，这有时可以解释游客讲的卫生恐怖故事。想一想那些返乡的访客发来的关于"永恒俄国(Eternal Russia)"的报道吧！那里有永远污秽不堪、永远缭绕着尼古丁味道的楼梯——尽管沙皇统治时期情况就如此，并且从那时开始直到冷战结束，几乎没有什么改善，但报道常常错误地把问题归结为社会主义的遗产。指责"粗俗的斯拉夫心灵"的某种返祖特质同样是不公平的，尤其是考虑到不整洁的楼梯与公寓内部一尘不染和舒适之间的鲜明对比。人们确实想知道，为什么这个国家拥有将本国公民送往外太空(并且经常载回来)的技术，却没有采取共同行动，来应对看上去微不足道的卫生问题。

对生活空间的概念理解，或许可以得到对此的解释。在西北欧，楼梯明显被理解为公寓向建筑外面的延伸，而俄国人似乎奉行这样的观念，他们把楼梯当作一条延伸的街道，只不过在公寓门口到了尽头。这是一个概念上的区别，随着以前市属公寓的私有化，现在实际上也被写成了法律。虽然公寓本身是私有的，但外立面和楼梯仍属于市政府。[①] 这很好地说明了一个普遍的观点：我们的概念和社会关系仅仅是一枚硬币的两面。[②] 在西欧内部，也能见到对生活空间的不同概念理解的例子，也许差异不会这么显著：关于在哪里铺地毯，在哪里吸烟是正常的，以及是否要在室内脱鞋，人们有着不同的看法。

---

① Barbara Lönnqvist，1997 年 3 月 15 日发给作者的电子邮件，以及互相讨论(无日期)。

② Peter Winch, *The Idea of a Social Science and Its Relation to Philosophy* (London, 1958).

在同一种文化之内，不同的目的论也可能为多种目标所用。当工厂把氯——原本作清洁剂使用——泄漏到河里时，就会污染大自然。反过来，同一台工业设施也必须防备自然的污物。因此，它需要被保护，以免受自然的侵袭；自然需要被保护，以抵御它（的污染）。

有生命之物，无生命之物，日常之物

在道德哲学中，有生命之物有时被描述为“享有福祉”的实体。有生命之物需要引起注意；他们可以被虐待或善待。“健力士啤酒(Guinness)对你有好处，”如果确实如此，因为你是这样一种存在，你可以说事情是有好处或有坏处，可以说事情进展得好或进展得不好。有生命之物享有福祉，这一事实也许在他们遭受痛苦时最容易看到。例如，当盆栽被疏于照看时，我们可以立即知道。植物必须要浇水，不是因为有人想要这样，而是因为作为有生命之物，植物享有福祉。

似乎有许多“无生命”的普通物品也享有福祉。事情的进展对它们来说也有好坏之分，它们需要我们的关注。有人可能称之为拟人或“拟生”的暗示，这被归结为这些事物身上有一些只属于生物的特质。在进一步讨论之前，我必须对此作出回应，回应包括两点。

首先，“享有福祉”并不是一种真实的性质。不可能通过某种完全中立的对实在物的观察，来确立任何这种非凡性质的存在。在这种语境下，福祉是一种视角，是一个角度，透过此来观察许多现象。这一视角的证据在于其使用的可能性。因此，询问一个实体是否“享有福祉”，就是询问从福祉的角度去理解它是否有意义；在这个过程中是否得到了或丧失了什么。其次，称这种观点为拟人的或拟生的，这就等于暗示，只有人类或生物这样的实体，才能被恰当地看作是享有福祉的主体。但是，理所当然，这种观点还没有得到承认——相反，我已经指出了许多明显有意义的方法，可以在这种目的论的框架内描述“无生命的”对象。

因此，似乎可以说，除了有生命的存在物和“纯粹”的物体这两个范畴，人类的思维还依赖第三个范畴：具有目的或意图的对象。这为一种语言创建了框架，在这种语言中，对象可以被这样描述：损坏的和修好的、不整洁的和整洁的、肮脏的和干净的。我们通常知道，对于某件人工制品，它被生产出来，是着眼于某些使用可能性的，因此它的用途似乎或多或少地被作为潜能植入物品本身之中。例如，一个制造刀叉的工厂不只是为消费者生产“物理对象”，以便以后发现并弄明白它们的用途。这些物品一开始能被生产出来，是因为它们的身份从一开始就确定了。一旦我们把手头这件物品描述成一把叉子，我们就已经把它植入一个实际可能性的论述中。如果我们仅仅把它称作“尖头的物体”或“铝制的物体”，那么论述当然看起来就不同了。[1] 在大多数情况下，我们很自然也很容易看出，一件物品是否是合格的叉子——例如，如何看出叉子上的肮脏和损

① Lars Hertzberg，和作者的讨论（无日期）。

坏。事物和我们之间存在着一种关系，一种我们双方都不应该打破的共同约定。

从某种意义上说，关于弄脏的判断是价值判断；最重要的是，在一般情况下，根据定义，干净比肮脏好。从另一个意义上说，它们是事实的判断。我们该强调这一方面还是那一方面——我认为，这个问题正是我们要阐明的具体问题。多少有些类似地，“我欠你 10 英镑”既可以被当作事实描述，也可以被当作规范性陈述。① 归根结底，我们通常将对象物识别为“干净”或“肮脏”的能力，是我们识别对象能力的一部分，这种能力是我们一开始就有的。一个既定对象的身份由其本质、目的或 telos 确定。

显而易见，这种分析可以推而广之，其应用不仅限于弄脏问题。我们对物质环境的一般看法包含着亚里士多德主义的元素，即实体与偶性的区别。它也（不与前面的观点相矛盾）包含柏拉图主义的元素。我们对世界的经验是由两种理念塑造的，其一是完善的理念，其二是完善之难以达到的理念。这种经验内在地由有价值或至善的观念构成——不是事实的对立面，而是一个有意义地感知事实的条件。②

① 关于“原初事实（brute facts）”和评价性描述（evaluative descriptions）之间的关系，参见 G. E. M. Anscombe，‘On Brute Facts’，in G. E. M. Anscombe，*Collected Philosophical Papers*，vol. iii（Minneapolis，mn，1981），pp. 22-5。

② 因此，根据 Nora Hämäläinen 的观点，我们对事实的理解包括或指向一种价值层级，一种“我们日常生活经验中的不断变化的原则”，它“不是我们自己创造的，而是所处的地域对我们的要求”。Nora Hämäläinen，‘What is a Wittgensteinian Neo-Platonist?：Iris Murdoch，Metaphysics and Metaphor’，*Philosophical Papers*，xliii/2（2014），pp. 191-225，at pp. 217，215.

第四章　化约论与科学的角色

日常对象何以可能？

《一元论者》(*The Monist*)——一本知名的专业哲学期刊，在2005年出版了一期刊物，谈论“日常对象(ordinary objects)”。这是其编辑策略的一个例子，即把全部议题都集中在当前争论激烈的主题上。在这一期的扉页上，有一篇论文总结了一个关键问题：“日常对象何以可能？”[①]在我写作的时候，这场讨论还在继续。我们理解

① E. J. Lowe, ‘How are Ordinary Objects Possible?’, *The Monist*, lxxxviii/4 (2005), pp. 510-33.

的“日常对象”，就是诸如桌子、螺丝刀、鲁特琴、栗子和马之类的东西。有时候，所选取的例子似乎只是作者在写作时碰巧映入眼帘的东西。这是可以理解的，因为对于这种一般级别的探讨，选择哪一种日常对象，不会被严格地决定。

非哲学家可能很疑惑，从一开始，日常对象的存在为何应该被视为一个问题。我对此有同感。一方面，可以说“对象”这个概念本身在很大程度上是通过日常对象的例子来表达的。因此，人们理应认为，日常对象位列最不会受到质疑的实体之中。另一方面，哲学问题的重大意义始终是哲学一般状况的一项功能，包括对通常不被视为哲学问题的领域进行哲学思考。因此，我们不应该试图抽象地判定日常对象的存在应该被称作真问题还是“伪问题”，而是需要看它在什么条件下会展现出有问题的地方。只要有智识条件存在，能让问题成为问题，那么问题就是真实的。

背后的问题——尤其考虑到目前科学知识的状况的话——是我们是否仍然能够合理地认为世界是由稳定的日常对象组成的。在最后的分析中，我们对于日常物品的看法，是否会像我们曾经对于日出的看法一样，是一种误解？[①] 从天文学角度看，太阳不会升起——观察者所站立的地球表面的那一点只是在朝东转而面向太阳——但是我们可以把“日出”这个词当成一个无害的说法。日常对象是否也与此类似——一种无害的虚构？（但我们能想见那是什么意思吗？）日常对象这个问题的出现与主流形而上学的现状有关，

① John Heil, ‘Real Tables’, *The Monist*, lxxxviii/4 (2005), pp. 493-509, at p. 497.

后者有意与(自然)科学以及被认为内在于自然科学的那种世界观结盟。必须承认,“日常对象”不是一个**科学**概念。如果科学是本体论的起点,那么我们为什么要假设,除了原子之外还有任何其他东西存在于时间和空间之中呢?[①]

约翰·海尔(John Heil)为这一期杂志撰写的稿件中,引用了物理学家 A. S. 爱丁顿(A. S. Eddington)的书《物理世界的本质》(*The Nature of the Physical World*,1928)中对这个难题的描述,这个描述现在很著名,或者说臭名昭著。爱丁顿告诉我们,当他开始写作时,他先将他的两把椅子搬到两张桌子边上,然后拿起两支笔。这是因为每一件熟悉的物品均有其“复制品”。他的一张桌子是多年以来的老相识,“我称之为世界的那个环境的一个寻常对象”。另一张桌子则问题重重:

> 二号桌子是我的科学桌子……我的科学桌子上几乎空空如也。在那空空如也之中,零星地散落着许多电荷,它们以极快的速度运动着;但是它们加在一起的体积还不到桌子本身体积的十亿分之一。尽管构造有些奇怪,但它却是一张效率很高的桌子。它跟一号桌子一样令人满意地支撑着我的书写纸,因为当我把纸放在上面时,那些小电子以飞快的速度不断地撞击纸背,从而使得纸像羽毛

① Lowe,‘How are Ordinary Objects Possible?’,p. 511.

球一样维持在近乎稳定的平面上。[1]

但是,更进一步,"现代物理学通过精细的试验和冷酷的逻辑向我保证,我的第二张科学桌子才是唯一真正存在的"。[2] 海尔在文章中以爱丁顿的描述为出发点,询问桌子是否真的存在。他的最终答案是谨慎的"是",但是海尔用下面的方式表述他的问题。

当我们近距离观察桌子时,我们看到了一堆东西……我们最先进的科学告诉我们,这堆东西存在着,以特定的方式运动着,并且遵守严格的自然法则。桌子能立起来没什么了不起的。物理学不会提到桌子。每当我们近距离观察一张桌子时,它似乎就解体了,变成一堆聚合起来的东西。[3]

气象学告诉我们,云层中有许多细小的水滴。假设以同样的方

---

① A. S. Eddington, *The Nature of the Physical World* (New York, 1929), pp. ix, ix-x, 引用自 Heil, 'Real Tables', p. 498. 维特根斯坦提出了一个类似的例子,可能是想起了爱丁顿:"我们已经被主流科学家告知,我们所站的地面并不像常识所说的那样是坚实的,因为人们发现木材中被微粒填充的空间十分稀疏,几乎可以称之为是空的。" Ludwig Wittgenstein, *Blue and Brown Books* (New York, 1965), p. 45. 他继续说(pp. 45-6),"在这个例子中,"坚实"一词被错误地使用了,我们似乎已经证明没有什么是真正的坚实。我还应该指出,海尔因没有搞清楚爱丁顿的最终观点而严厉批评了他。正确的观点是这样的,不是没有什么是坚实的,而是"物理学为我们提供了对实体性本质的更深入理解"(Heil, 'Real Tables', p. 503)。

② Eddington, *The Nature of the Physical World*, p. xii, quoted in Heil, 'Real Tables', p. 498.

③ Heil, 'Real Tables', p. 497.

式，桌子被看作一堆微小的粒子。在这两个例子中，向我们揭示真相的关键手法都被描述为这样一种动作，就是要更靠近一些。然而，海尔使用这个比喻显然是误导人的。较真地来看，关于云的描述是正确的，但是关于桌子的描述是错误的。实际上，通过“近距离观察”绝对不可能发现桌子是一堆聚合起来的东西——尽管我们可能会发现别的事，比如它是由什么制成的：也许是刨花板而不是实木。使用像电子显微镜这样的放大设备，也许在微弱的意义上可以称得上是“近距离观察”——即使我们的眼睛没有真正地更靠近对象。我们在电子显微镜中看到了什么，这是一个争论未决的问题，因为设备实际上是制造了我们看到的图像，而不是简单地放大现有的视图。总之，电子显微镜得到发展，是在物质由基本粒子组成的概念出现之后，也是对这种概念的应用。

从我的角度看来，这看起来可能像是一个拘泥于细节的观察，但这突出了由水滴组成的云与一堆基本粒子之间的深刻差异。某一朵云由水滴组成，这是一个简单的经验发现。桌子——和其他一切事物一样——是由基本粒子构成的，这个说法更像是我们所提出的要求，因为粒子的概念在物理学中有着普遍的作用。这并不是说它在经验上是没有事实根据的，而是意味着要以一个系统的理论背景为前提。例如，它不能仅仅只是关于桌子的一个发现，而无关其他家具；也不能仅仅是关于这张桌子的一个发现。在这里起作用的观念，不仅仅是一个日常实践概念——东西由“某物或别的什么”组成——的应用。一张桌子，要么由木头，要么由混凝土，要么由其他材料构成，但基本粒子不能代替材料列在这张表中。为了制造一朵云，我可以使用水蒸气；为了制作桌子，我可以使用木材、混凝土等；而我可以使用基本粒子来制造……呃……什么？

甚至探究云层和探究桌子的原因也会有所不同。云是由微小的水滴组成的，这一发现是一个科学回答，解答了从前不知道的问题：云是什么。桌子是由粒子构成的，这个表述不是来解答桌子是什么这个问题的。另一方面，关于桌子是什么样的事物，木质材料是一种什么样的东西，还有其他合理的问法；在某些情况下，最好的比喻说法可能不是更近地观察，而是创造距离去观察，例如，以概览的形式——比如说，概览森林的生态系统。[1]

像大多数撰文参与此次争论的哲学家一样，海尔肯定会得出这样的结论，即我们假定日常对象的真实存在，至少在某种限定的意义上是有正当理由的。有人可能认为这是个好消息，但是当然，这仍然泄露了作者的基本担忧，即日常对象是需要辩护的——它们在某种意义上是非法的，除非能根据科学的形而上学来解释它们。例如，哲学家琳恩·卢德尔·贝克尔（Lynne Rudder Baker）提出，需要一种在科学上可接受的日常对象的形而上学，来作为合法财产权的理性基础。[2] 在我看来，这场争论表明，如果哲学指望科学来提供思想上的指导，那么日常对象的概念必然变得可疑。

① 在撰写这些段落时，我得益于与 Martin Gustafsson，Camilla Kronqvist 和 Hugo Strandberg 在 2015 年 4 月 8 日 Åbo Akademi University 哲学研究研讨会上的讨论。

② Lynne Rudder Baker，'A Metaphysics of Ordinary Things and Why We Need It'，*Philosophy*，lxxxiii (2008)，pp. 5-24，at pp. 23-4.

肮脏：两种化约论

日常对象的存在是理所当然的，仍然有一个问题，即它们如何存在。当我们的环境中的事物被概念化了，它们被认为主要或者实际上是物理对象、物质对象，例如物质的集合，而不是像桌子和衣服这样的日常对象，难题就出现了。这种概念化背后的理念是，对象要到后来方才被赋予不同的功能和目的；这一点要通过不触及它们的真正身份的主观操作来完成。如果对象实际上是无意义和无功能的，那么把目的归给对象（如桌子或衣服）的特征，归给生物的非独立部分（人类的手、动物的皮毛），这在什么情况下才是有意义的呢？

如果我们想要内在固有的目的，自然科学的回答似乎相当简单："绝无可能"。在科学中，唯有通过人类（也许还有别的生物）的行为来赋予，对象才能有目的。在过去的三四个世纪里，科学已经摆脱了亚里士多德主义的影响。在此过程中，它一直稳步地、有条不紊地摆脱用目的解释，而尽可能地用因果解释或功能解释代替它。虽然这个计划并非在所有领域都同样成功，但这一议程至少在每门具体科学中有所表达。对许多人来说，扩大因果解释的范围、摆脱目的论，是所有研究取得理论进步的关键。大自然没有目的；目的论的出现是人类视角有局限的结果，而智识的进步在于克服这些局限。

然而，从实践的角度来看，这可能是一种令人意外的看法。“干净”和“肮脏”的描述事先预设了目的论。科学真的对它们毫无用处吗？没有人比实验室的化学家和手术室的外科医生更坚持卫生。因此，如果不是在理论上，那么至少在实践中，肮脏和污染甚至对于科学家来说也是存在的。对清洁的要求早已隐含在化学分析的要求之中了。很简单，我们假定了纯净的样本。化学工业也是如此，按计划生产需要纯品原料。“杂质(impurity)”在这里被定义为任何不应该属于生产过程的物质，而“纯的”物质具有计划过程所需的准确构成成分。①

这些例子至少表明，某种目的论思想牢固地扎根在应用科学之中，但在某种意义上，这样的回答仍然会忽略理论上的问题。化学家和工程师谈及目的和目标，是因为他们为目的和目标而工作，但是这些例子并没有向我们表明事物本身具有目的。但是，如果“肮脏”和“干净”的确不能被科学地确证为事物的真实性质，那么我们仍然面临着这样一个问题：为什么在实践中，对弄脏的判断似乎既有意义又(常常)正确？

① 副产品和熔渣在通常意义上不是杂质。它们在工业化学过程中具有明确的作用，但最后会与最终产品分离。对于后者，它们被算作杂质，但不一定表示原料中有了杂质或污染。一种熔渣产品随后可以被转化为其他工业过程的原材料。煤焦油就是这样的情况，煤焦油是天然气生产的副产品。19世纪见证了以煤焦油为基础的苯胺颜料的爆炸性发展。现代文化的外在面貌在很大程度上是苯胺革命(aniline revolution)的产物。其最直接可见的后果是蓝色颜料的使用量增加，在苯胺革命之前，蓝色颜料的价格特别昂贵。关于苯胺革命的更多信息，参考 François Dagognet, Rématerialiser. *Matières et materialismes* (Paris, 1885), p. 36.

思考一下我们为什么认为清洁很重要，以及为什么我们要做某些清洁操作——将对象浸入水中，刷洗擦拭，把干净和肮脏的对象分开。最直接的解释可能是：我的白衬衫需要洗一下，因为领子不干净了。如果你只是问我为什么唯独这件衣服需要洗涤，那么这将是一条有效的信息，但是这并不能解释为什么干净的衬衫通常更受喜欢。有时候，我想要一件干净挺括的衬衫有一个特别的原因，比如我希望在面试中给人留下好印象。但是，这当然再次引出了几乎相同的问题：为什么面试官更喜欢穿着干净衬衫的候选人？为什么干净衬衫通常比脏衬衫受好评？在这里，我忍不住要长话短说：干净的衬衫就是更胜一筹，就是这样。但是，这将引来一个新问题，即干净的衬衫在哪些方面更优越。如果我告诉你它们袖窿处好闻一些，如此等等，下一个问题就是为什么那应该被认为是一件好事。最后，这些问题关系到“干净与肮脏”语言游戏的关键所在。

这归根结底是要求我用一些术语解释干净优于肮脏，而不仅仅是一般对干净的偏好。这与“给出解释”的一般含义是一致的：一个解释应该提及另外的东西，而不只提及应该解释的那样东西。如果我认真对待解释的要求，我将不得不从以下假设开始：既然干净的衬衫实际上比脏的衬衫更好，那必定是因为它们还有一些额外的性质尚未被描述出来，或者因为它们是有用的，能作为一种手段，去达到另外想要的目标。

什么是“另外想要的目标”？现在有两种主要的解释，这两种解释可以并存，甚至互相强化——类似于一个互惠互利的社会那样。两种解释都是关于肮脏的化约论。一种是卫生化约论：纯粹从医疗考量的方面——从人类的生物学方面——解释污染和清洁的观念。另一种是人类学化约论，把清洁化约为污染禁忌，也就是化约为人类文化。

卫生化约论

乍一看，卫生化约论似乎能够使污染至少有一部分见容于科学。许多卫生化约论者会说，肮脏确实以某种形式存在，也就是以被视为潜在疾病载体的物质的形式存在。只是我们对肮脏的日常判断仍属于“民间”理论这样的前科学阶段。

关于卫生的科学观念在过去几个世纪中形成，多亏了像路易·巴斯德(Louis Pasteur)、伊格纳兹·麦尔维斯(Ignaz Semmelweis)和约瑟夫·李斯特(Joseph Lister)这样的医学专家的一些发现，这些研究者大约在19世纪中叶为我们对传染病的现代理解奠定了基础。严格地说，卫生学作为健康科学，不仅包括无菌和抗菌清洁，还包括卫生清洁，后者现在是我们防治流行病的主要方法。这很自然地把我们引向一个问题，即我们对肮脏的普遍敌意是否也无法用关心健康来解释和说明。

然而，一旦我们离开医院的环境，把清洁等同于卫生，这就不足以令人信服了。我当然不是因为害怕感染才洗我的白衬衫的。对于这个主题，我查阅了一本瑞典国家健康福利委员会(National Swedish Board of Health and Welfare)的宣传册。读者被告知，我们可以不洗那么干净，也并不会对皮肤造成任何危害："从医学角度来说，清除肮脏在多数情况下没有任何后果。"总的来说，"居家清洁的标准归根结底是我们个人舒适的问题。"①这种说法并不是说洗衣服根本无助于健康，因为在许多情况下，它是对抗传染病的一种极其有效的办法。然而，清洁显然还有不属于卫生的附加作用，这种作用就更多与美学和社会因素有关。

在诺贝特·埃利亚斯（Norbert Elias）的著作《文明的进程》（*The Civilizing Process*，1939）中，他为我们详细论证了为什么要将清洁与卫生区分开来。他认为，在许多情况下，我们今天以卫生为名进行论证的那些事，原本不过就是上流社会中"做了什么"或"没做什么"的问题。例如，早在人们对相关健康风险有任何了解之前，吐痰就被指责是"粗鲁的和恶心的"。②

最好彻彻底底地明确这一点：有些东西，我们知道它们对健康有害，却并不一定会唤起厌恶或羞愧的感觉。反过来说，能唤起这些感觉的东西不一定对健康有害。在今天这个时代，有人吃东西很吵，或者用手吃东西，会引起让人极度厌恶的感觉，他的健康却是用不着担心的。但是，想象一下某人在不好的光线下读书，或者是一

---

① Socialstyrelsens nämnd för hälsoupplysning, *Personlig hygien*, 1977. Stockholm: Committee on Health Education, National Swedish Board of Health and Welfare. 引文和翻译来自 Gudrun Linn, 'Ur "Badrum och städning"', Res Publica, lvii (2002), pp. 21-9, at pp. 26, 28.

② Norbert Elias, *The Civilizing Process*, vol. i: *The History of Manners*, trans. Edmund Jephcott (Oxford, 1978), pp. 158-9, 115-16, 135, and in particular, note 124 (pp. 305-7).

想到有毒气，都远远不能引起类似的厌恶或羞耻之感，尽管有害于健康的后果是显而易见的。①

我们亲吻、握手，我们使用公共交通工具，我们甚至把猫和狗关在屋子里，而顾不上实实在在的传染病风险。除此之外，我们对肮脏的厌恶，有时促使我们采用与无菌卫生背道而驰的审美方案。我们常常偏爱深色或有图案的织物和墙纸，正是因为它们用于衣服和室内装饰上，会使得弄脏变得不那么明显。这也是为什么从纯粹卫生的角度来看，纯白色是上佳的颜色。

的确，我们说起“肮脏”，大部分时候似乎是指可见的或其他易于觉察的污染。至于卫生，我们反倒熟知这样一个事实，即携带传染病的细菌是肉眼不可见的。这是19世纪末的早期卫生运动中经常提到的一点：人们最要紧应该学会保护自己免于暴露在日常环境中潜伏的无形风险之下。关于家庭中健康风险的一些观点是基于进一步的假设，即肮脏和灰尘——由不可控的、通常来自动物的物质构成——被假定含有不可见的细菌、病毒和螨虫。

诚然，我们对污染的一些反应与卫生有关。我们本能地排斥排泄物和变质食物，这明显与抵御感染源的自然保护性反应密切相关。② 假设这些反应对早期人类生存至关重要，也说得通。但是，

① Elias, *The Civilizing Process*, vol. i, pp. 158-9. 亦见于 pp. 107, 115, 126-7。

② 例如，斯特罗明格(Strohminger)指出了恶心感的一些重要生物学功能。但是，必须记住，“肮脏的”和“恶心的”不是同义词。Nina Strohminger, '*The Meaning of Disgust*: A Refutation', *Emotion Review*, vi/3 (2014)。

所有这些都远远不能说明，我们关于肮脏和干净的现有观念主要是出于对健康危害的考虑。我们留意到卫生和清洁的观念有着不同的，有时甚至截然相反的方向，两者的含义必定大不相同。

重塑我们关于污染的观念

一个可能的结论是：我们目前的清洁实践缺乏理性的动机，因此是不合理的。努斯鲍姆认为，当恶心不由卫生问题引起时，那就依赖于象征性的联想，而非理性的动机。她指出，“基本观点是，无害的物质和恶心的物质之间有过的接触，会导致对可接受的物质产生排斥。”我们被告知，这只是“交感巫术”，涉及一种“心理污染”的感觉。根据这一巫术原理，“有过接触的事物之后会持续地互相影响”。①

那么，有没有这样的可能，在将来，我们现有的、传统中巫术般的清洁观念，被受科学影响的生活方式取代（这种生活方式建立在对事物是否有益于健康的真实信息的基础上）？努斯鲍姆认为，“衡量社会道德进步的标尺是，能在何种程度上，把恶心与危险、愤慨区分开来，将法律和社会规范建立在实质性伤害之上，而不是建立在

① Martha C. Nussbaum, '"Secret Sewers of Vice": Disgust, Bodies, and the Law', in *The Passions of Law*, ed. Susan Bandes (New York, 1999), p. 25.

对象所承载的、与动物性和必死性的焦虑相关联的象征性关系之上。”①她对肮脏和恶心的总体看法可以归纳如下。当前引起人类恶心的主要因素是由符号性联想决定的；但这是一种扭曲，因为只有那些可能会伤害我们的物质，才是恶心的真正对象。教育者和改革者的任务是让人们看到这一点。于是，努斯鲍姆表明，我们不仅能够，而且应该更加照着科学卫生的方式安排我们的生活。

早期活动家为福利国家所做的许多努力，确实可以追溯到在日常生活中实施科学卫生的理想。在《美丽新世界》(1932)一书中，阿道司·赫胥黎让我们瞥见了社会改革的倡导者所遇到的社会状况，以及他自己对他们的看法进行的高度批判性讽刺描写。

家——几个狭小的房间，住着一个苦闷的男人、一个时不时就会生孩子的女人、一群吵吵闹闹的不同年龄的男孩和女孩。没有空气，没有空间，一座没有充分消毒的监狱。充斥着黑暗、疾病和恶

① Ibid.，p. 32. 着重号为作者所加。努斯鲍姆提出她的看法是为了对抗弗洛伊德精神分析学家诺贝特·埃利亚斯。她认为，埃利亚斯提出“一个社会认为恶心的东西越多，其文明就越先进”，而且“我们越注重清洁，我们对黏液、污秽和我们自己的身体产物越不宽容，我们就越文明”(第 31 页)。努斯鲍姆认为这“完全没有说服力”。努斯鲍姆拒斥埃利亚斯的问题在于，她忽略了文化和文明之间的区别，这是埃利亚斯的核心思想，也是他写作时发生在德国的论战。与努斯鲍姆不同，埃利亚斯把“文明”的进步描述为从一种社会组织形式向另一种社会组织形式的过渡，而不是道德进步。他写道，“至少在思考这个过程的时候，尝试暂时悬置所有的尴尬感和优越感，悬置所有与‘文明’或‘不文明’概念相关的价值判断和批评，是有必要的……事实上，我们的‘文明’和‘不文明’这两个术语并不构成‘好’和‘坏’之间存在的对立，而是代表着仍在继续的发展过程中的一些阶段。”(埃利亚斯，《文明的进程》，卷一，第 59 页)

臭……家，无论是现实的家还是精神的家，都是那么肮脏。在精神上它就像一个兔子洞或一座垃圾堆，由于紧密结合的生活而充满了摩擦，充斥着情感。家庭成员之间是亲密关系，令人窒息的多么危险、疯狂、肮脏的关系！母亲疯疯癫癫地养育着孩子（她自己的孩子）……就像一只母猫养育着它的猫咪。但那是一只会说话的母猫，一只反反复复地说着"我的宝贝，我的宝贝"的母猫，我的宝贝，噢，噢，到我的怀抱里来。那些小手，肚子饿了，还有那难以言状的充满痛苦的快乐！直到最后，我的孩子睡着了，我的孩子嘴角泛着白色的奶沫睡着了。我的小宝贝睡着了……"是的"……"你们或许会不寒而栗。"①

正如当时许多乌托邦和反乌托邦小说一样，在《美丽新世界》中，人类的住宅是标准化的。赫胥黎将他对未来改革的预测与当代关于工人阶级生活条件和整个城市社区卫生的激烈争论联系起来。这场战斗的口号是："把光和空气给每个人！"这将与向公众传播卫生意识相辅相成。如果把努斯鲍姆与《美丽新世界》中显而易见的强制卫生直接联系起来，这是不公平的；总的来说，她主张对肮脏有更高的容忍度。但是她当然也相信社会工程，并且像20世纪早期的改革者一样，她捍卫这样一种一般观念，即一种理性的、经过科学修正之后的对待污染的态度。

---

① Aldous Huxley, *Brave New World* [1932], www. idph. com, accessed 13 October 2015, Ch. 3, pp. 27-8.（中译参考《美丽新世界》，陈超译，上海译文出版社，2017年。——译注）

人类社会是否可以按照医疗卫生的方法来完全重塑？不管我们是否认为这种改革是可取的，甚至是可能的，事实仍然是，卫生和清洁在本质上是有区别的。似乎可以用完全功能性的术语来定义卫生。要是忽视医院、工业厨房或实验室的卫生，就会使它们的功能岌岌可危。但是，除了那些最近才出现的被严格限制的环境，没有医疗卫生的生活不仅是可以想象的，而且与我们正在过的生活在大多数方面十分相似。然而，没有肮脏和清洁概念的生活则是完全不同的情况。想象那样的生活，就是要想象我们的生活被彻底颠覆。矛盾的是，我们不能没有清洁，正是因为清洁与医疗卫生不同，不是对任何特定需要的反应。清洁本身就是一个目标。

人类学化约论

卫生化约论的缺点可以被用作论据，来论证一种相反形式的化约论。如果我们的正常清洁活动并不总是对身体健康有益，那么它们也许对其他一些不那么切实的目的有益。有没有这样的可能，我们与污染的关系仅仅是某种全然不同的事物的象征性表现？人类学化约论是当前最受欢迎的研究肮脏和洁净的方法论。

就关于肮脏的人类学化约论来说，日常意义上的肮脏并不真实存在于世界上。什么类型的性质是真实存在的，人类学化约论倾向于把这个问题转移给科学。但事实仍然是，我们——也就是人类——认为某些东西是肮脏的或干净的。这么一来，焦点就从关于世界的事实转移到人类，人类——无论是本能的还是作为一种习得的反应——将他的希望和恐惧投射到一个原本中立的物理实在上。

人类学化约论阐述的主要观点是，与“肮脏的”一词的含义更紧密相关的，是由社会界定的状态（如“禁止”），而不是“生锈”“褪色”或“损坏”等物理的描述性表达。有一个显著的例子，可以在西格蒙德·弗洛伊德对于洁净概念及其相关的投射概念的讨论中发现。对此，最好记住，弗洛伊德个人首先把自己看作是一个自然科学家。作为一名医生，他不相信我们在日常生活中对肮脏的拒斥有什么卫生上的好解释。人们希望以卫生的名义为自己辩护，这种行为常常表达了恐惧和担忧，而这些恐惧和担忧的根源生长于更黑暗的土壤中。想一想弗洛伊德在《图腾与禁忌》（*Totem and Taboo*，1913 年首次出版）中试图解释我们对“不可思议的事物”（the uncanny/das Unheimliche）的看法。

> **内在知觉的向外投射**是一种原始的机制。举例来说，这种机制也影响了我们的感官知觉，因此它通常对塑造我们的外部世界起了举足轻重的作用。在条件尚未完全确定的时候，甚至是对思想和情感过程的内在知觉也会像感性知觉一样向外投射，并被用来塑造外部世界，尽管它们应该留在**内在**世界之中……只有当抽象思维的语言得以发展，通过词汇表征的感官残余与内在过程的联结，这一内在过程才能逐渐被感知到。在这发生之前，原始人通过**内在知觉的向外投射**，形成了一幅外部世界的图景，我们现在必须用强化过的

意识知觉，将其转化回心理学。①

弗洛伊德在写作时假定，世界上的事物（实际上，就其本身而言）永远不会是不可思议的。如果它们在我们看来仍然不可思议，一定是因为我们，而不是因为对象。我们的“内在知觉（inner perceptions）”在赤裸的物理实在上盖了一层带有情感色彩的面纱，而心理学的任务是揭开面纱并检视它。对于弗洛伊德来说，自诩为科学的研究方法是不证自明的。然而我与他不同，在这一点上，我还是想要挑挑刺。我会问，为什么事物本身不会是不可思议的？毕竟，我们怀着恐惧应对它们，难道不是因为它们是不可思议的吗？我已经知道弗洛伊德的答案：他会说我们把恐惧投射到对象上。但是，如果他已经完全确定什么样的性质可能属于“事物本身”，那么当然，那些就是他一定会说的话。为了不那么挑衅性地提出我的异议，我们得要问问，说某某是或不是事物本身的性质，究竟是什么意思？我们想要达成什么样的对比，如何根据我们对这个问题的兴趣来对我们的答案进行修改？

① Sigmund Freud, *Totem and Taboo*, authorized trans. by A. A. Brill (New York, 1946), pp. 85-6. 着重号为作者所加。（中译参考《图腾与禁忌》，赵立玮译，上海人民出版社，2005 年，第 82-83 页，本书译者对原译文进行了改动。——译注）

肮脏是自成一类的

无论是人类学还是卫生意义上的化约论，其修辞力量有很大一部分来自把肮脏和恶心联系起来。恶心是一种反应，认为某物是恶心的，大概就是说一个人会对它产生恶心的反应——或者说恶心是恰当的或者应有的反应。总的来说，我们视为恶心的事物其实就是引起我们恶心的事物。因为这个原因，我觉得恶心的事物，往往更多地告诉你我是什么样的人，而不是告诉你我以此方式挑选出来的事物。反之，如果我已经向你们解释了我为什么觉得某个事物很恶心，我就没有必要再解释我为什么感到恶心。如果出于某种原因，有某物被我描述为很恶心，对此我却没有做出恶心的反应，那么就需要一个解释了。

相比之下，我认为肮脏的那些事物，不能从我的恶心反应中解读出来。首先，因为恶心绝不是人类对肮脏的唯一甚至主要反应。汽车发动机常常很脏，但很少令人恶心。玩耍中的孩子可能很脏，但一点也不恶心。相反，变质的食物可能很恶心，但不一定很脏——尽管它可能弄脏其他东西，但新鲜食物也能以完全相同的方式来弄脏。其次，更要紧的是，如果我想证明我的反应是正当的，我会参考我最初的事实判断，即那件物品是脏的。因此，我的反应是根据判断来解释的，而不是通过反应来解释我的判断。

被告知“肮脏就是肮脏，而不是别的什么”，你可能会认为这等于没说；但现在我们已经看到，即便这样一个老套的道理，也是需要的。

第二部分

『肮脏的』与『被禁止的』：人类学还原论及其局限

人必须从错误开始，并将其转化为真理。也就是说，人必须揭露错误的根源，否则听到真相也不会有任何好处。当有其他东西占据了它的位置时，真理就无法进入。要说服某人相信真理，仅仅陈述真理是不够的，必须要找到从错误通往真理的**道路**。

维特根斯坦，《评述弗雷泽的〈金枝〉》①

① Ludwig Wittgenstein, 'Remarks on Frazer's Golden Bough', in Ludwig Wittgenstein, *Philosophical Occasions*, 1912-1951, ed. James Klagge and Alfred Nordmann (Indianapolis, in, 1993), pp. 115-55, at p. 119.

第五章　仪式、无序和污染

洁净与危险

“废弃物是如何成了不干净的呢?”这是当代理论在研究肮脏时的关键问题。这在很大程度上归功于玛丽·道格拉斯(Mary Douglas)在她的作品《洁净与危险》(*Purity and Danger*,1966)中的开创性工作,这本书现在已成经典。调查一下当今有关肮脏和污染的文献,我真诚地相信,列举出不引用道格拉斯的那些作品,要比列举引用道格拉斯的那些作品容易得多,即使引用的理由有时可能是,她很明显不得不被列入参考书目。她的书副标题为“对污染与禁忌观念的分析”,旨在将弄脏与污染的概念纳入秩序与无序这一普遍的文化范畴。如果问题是垃圾如何成了不干净的，那么其意涵必须是，一开始垃圾并非不干净的，只不过，在由文化决定的界定过程中成了如此这般。

对于道格拉斯来说，弄脏的界定，就是要在可接受的和被禁止的之间划定一个仪式性的界限。为了理解这种划界的主要原则，也许最好看看她最经常引用的例子：地板上的鞋子和餐桌上的鞋子。[1] 同一个人可能认为同一双鞋在这一场合是干净的，在另一场合是脏的。道格拉斯论证道，将一件事物定义为是不干净的，这个过程实质上就是施加禁令：不能吃，不能碰，不能把一种东西和另一种混合起来。属于地板的东西不能放在桌子上，户外的东西不能放在室内。为了识别弄脏，仅仅盲目地盯着对象本身是不够的，更要对由文化定义的情境有全面的理解。

道格拉斯处理污染和秩序观念的总体思路，延续了起源于埃米尔·涂尔干(1858—1917)对圣洁(the holy/le sacré)概念的古典分析的思路。根据涂尔干的说法，神圣或圣洁的观念在所有人类社会生活中都是决定性原则。圣洁不能仅仅归结为奇怪的或无法解释的，而是包含一种完全不同于世俗的态度。[2] 例如，在自然的无序和意外事件中，没有什么可以被标示为神圣的，而仅仅是惊奇的和不寻常的。根据涂尔干的说法，圣洁和世俗之间的区别是普遍的。

---

① Mary Douglas, *Purity and Danger: An Analysis of Concepts of Pollution and Taboo* (Harmondsworth, 1970), p. 48.

② Émile Durkheim, *The Elementary Forms of the Religious Life* (London, 1968), pp. 28-9, 84-5.

在人类思想史上，没有其他领域存在如此截然不同的两类。圣洁不是任何特定存在或特定事物的一种性质，这也通过以下事实来证明：在不同的社会中，完全不同的对象都可以被看作是圣洁的。归根结底，对神圣对象的敬畏感源于人类之间的关系，而非人与自然环境的关系。圣洁的本质在于，存在着一种社会认可的禁止制度，通过这种制度，圣洁的事物与其他事物区分开来。禁令的实质可能相当武断：有时候禁止吃图腾动物，有时候动物必须被吃掉，但总是按照严格规定的规则。禁止和禁忌标志着世俗与神圣之间的界限，规范着人类与神圣事物的接触，从而为社群成员组织安排生活。①

如果说涂尔干确信所有的圣洁都可以追溯到集体禁令这一共同根源，那么道格拉斯在分析污染禁忌时也遵循了同样的路径。通过将一种元素归类为干净的或不干净的，我们首先给世界带来了象征性的秩序。“惩罚、道德压力、不能碰什么和不能吃什么的规则，一种牢固的仪式体系，所有这些都能够使人与其他生命和谐相处。”②

道格拉斯的意思是，人类通常需要把世界看成一个有组织的整体，一个为自己、为其他人和为物质对象预定了位置的统一系统。每种文化都发展出有特色的模式，在精神生活和实践生活中，都能以各种方式与生活的偶然性达成妥协。这些模式宏观上表现在社会阶层区分上，细节上表现在清洁观念上。文化中关于洁净思潮的观念，是特定的某一文化里关于秩序的一般概念的某些方面；它们

① Ibid. ,pp. 127-33.

② Douglas, *Purity and Danger*, p. 210.

是社会秩序的另一个方面。[①] 自然对象及其性质卷入其中，仅仅是作为社会施加的行为准则的焦点而已。这些文化模式的创造和维持，是通过界限——划分熟悉的和异己的、被接受的和被禁止的、干净的和不干净的。干净和不干净是特定文化及其秩序概念的一个方面，这也很明显地体现在每个社会群体规定的行为中。有不同的位置分配给男人、女人和孩子，分配给我的孩子和邻家小儿，分配给健康人和病人，分配给绅士和农民，分配给活人和死人。或者想一下为自然对象（有生命的或无生命的）分类的各种方式：土、水、气、火；人类、动物和植物；食物、血液、粪便。最后但同样重要的一点，两性之间的关系也许是最明显的例子，能说明洁净的观念如何调节人类的性行为。在一些文化中，妇女——在某些情况下，男性也同样——被认定在月经期、分娩后和性交后是不洁的，这会导致她们参与宗教生活（也即意味着公共生活）受到限制。

道格拉斯提出了一条迷人的研究思路：在她看来，肮脏从来不是孤立的现象，而总是属于一种模式，贯穿某种文化的整个系统，凸显了其特定的世界观。无论是在宏观层面上，如在种姓、地位或社会阶级间的群体关系中，还是在与饮食和清洁有关的微观风俗层面上，同样的基本模式总能被辨认出来。“哪里有肮脏，哪里就有制度体系。”[②]

这个说法有些模棱两可。肮脏或不洁净——对于道格拉斯来

① 例子见 ibid.，p. 14。

② Ibid.，p. 48.

说可能以“各种不可能、异常、胡乱混合和可憎”①的形式出现——被定义为不能符合预先确定的秩序的事物。在这里，道格拉斯似乎想借助于两个具有部分对立倾向的隐喻——无序和他者性(disorder and otherness)——来理解不洁净。对她来说，不洁净的元素被理解为令人不安的和危险的，要么是因为它偏离了自己原本有序的位置，要么是因为它作为一个异质的元素，在预先确定的事物秩序中找不到位置。餐桌上的鞋子可能是第一类扰乱秩序的例子。它本身并不脏，但在特定地方不受欢迎。第二类扰乱秩序的例子是各种“不洁的动物”，它们在《洁净与危险》的论证中占有重要地位。无论在哪里被发现，不洁的动物就是不洁净的，从这个意义上说，对于主张此种分类的文化而言，它们的不洁净是绝对的。

对无序的抑制

对于道格拉斯来说，肮脏以一个稳定的秩序为前提，但它是一种在此秩序中没有合法位置的元素：“肮脏(是)由心灵的不同活动创造的，它(是)秩序创造的副产品。”②从这个观点来看，她有意识地与让-保罗·萨特联系在一起，并将她研究的非洲人称为“原始的存在主义者”。③(她描述了其仪式的)莱勒人(the Lele)“认识到他

① Ibid.，p. 194.

② Ibid.，p. 190.

③ Ibid.，p. 200. 萨特在第51页和191页被明确地论及。

们所经历的范畴的偶然性和传统性”，[①]由此，存在先于本质，以及真相是“存在的事实就是一团混沌”，这两个存在主义的论点就有了生命力。[②]

有某种同样的潜在威胁之感，一种经验分崩离析的威胁，这也在萨特《恶心》(1938)的主人公安托万·罗冈丹(Antoine Roquentin)的精神生活中有所表达。[③] 他厌恶周围那些受人尊敬、愚昧无知的小资产阶级，当他们周日在省城(他发现自己受困于此)散步时，他认为他们只不过是可笑的、诡异的木偶。在罗冈丹看来，咖啡馆里的人像是脱开的皮肉碎块，而公园里的树木、灌木丛和鹅卵石对他来说则像是一堆无法区分的物质。在著名的“公园事件(park episode)”中，物质本身被揭示为纯粹的广延(extension)，一种超出常规描述的可怕的无定形实体。然而，这种存在意义上的恐惧必然是一种转瞬即逝的心理状态。因为，至少对道格拉斯来说，我们最终别无选择，只能继续我们的木偶般的资产阶级生活(existence)。除了那短暂的一瞬间，我们实在无法面对现实的无序和“固有的不整洁经验”。[④]

在这样的存在主义语境中，不干净以不可分类的、无形的存在残余物(leftovers of existence)的形式出现——这些元素不能被归入知识上的现有范畴。肮脏令人讨厌地提醒我们，我们想要的世界

① Ibid. ,p. 200-201.

② Ibid. ,p. 193.

③ Jean-Paul Sartre, *Nausea*, trans. Lloyd Alexander (New York, 1964).

④ Douglas, *Purity and Danger*, p. 15.

和世界的真实状态之间隔着一条鸿沟，一边是干净整洁，另一边则是混乱无序。我们继承而来的一套概念的桎梏，尽管它们在细节上具有历史偶然性，但最终我们无法离开它们而生活，因为我们"不能让整个世界都变成黏糊糊的东西"。[①] 然而，这并不能阻止我们周期性地在烂醉、狂笑、审美或宗教迷狂中把我们的概念抛开。[②] 因此，有些文化已经发展出了这样的技术："甚至撕开由思想的必要性施加的面纱，并直接观看现实。"[③]性交也可能包括在这其中：伴侣们毫无疑问会接触到对方的身体分泌物，他们体验到自我和他人之间的界限变得模糊。

正如已经暗示的那样，《洁净与危险》彻底影响了西方人的心灵。人们一直在寻找反对仇外心理、强迫性秩序、习俗、大男子主义和一般古板思维的论据。[④] 乍一看可能会令人惊讶，一本论述仪式性洁净的学术著作——关于 20 世纪 60 年代和 70 年代的第三世界

---

① Ibid. ,p. 50.

② Ibid. ,Ch. 10.

③ Ibid. ,p. 202.

④ 参考：Zygmunt Bauman, *Postmodernity and Its Discontents* (Cambridge, 1997)；Christian Enzensberger, *Grösserer Versuch über den Schmutz* (Munich,1970)；Jonas Frykman,'Hel och ren. Kropp och tanke hos bönder och borgare',in *Den kultiverade människan*, ed. J. Frykmanand O. Löfgren (Lund, 1979),pp. 131-220；Julia Kristeva, *Powers of Horror: An Essay on Abjection* (New York,1982)；Martha C. Nussbaum,'"Secret Sewers of Vice": Disgust, Bodies, and the Law', in *The Passions of Law*, ed. Susan Bandes (New York, 1999), pp. 19-62；Roger Fayet,'Moderne Reinigung, postmoderne Kompostierung. über ein abfalltheoretisches Modell und die eigentlichen Signaturen zweier Zeitalter', in *Verlangen nach Reinheit oder Lust auf Schmutz? Gestaltungskonzepte zwischen rein und unrein*, ed. Roger Fayet(Vienna,2003),pp. 15-40.

的艰深主题——会造成这样的结果。毫无疑问，真正的原因是道格拉斯把目光投向了整个人类，她向我们保证，现代西方的清洁活动也是完全仪式性的。① 从家庭春季大扫除，到古希伯来人的净化仪式；从我们"渴望强硬路线和清晰概念"的心理倾向，到公开或隐匿的反犹太主义，有一条直接的思想路线共享着许多观念，并贯穿始终。②

肮脏物，就是放错地方的东西

那么，对道格拉斯来说，肮脏物就是"放错地方的东西"。对的地方在哪里，由象征系统来定义："如果我们能从我们对肮脏的概念中抽象出致病性和卫生性，那么我们就停留在旧定义中——肮脏物是放错地方的东西。"③我们通常注意不到的对象可能会突然出问题。这发生在它们正常放置的地方受到侵扰的时刻——这就把我们带到了当代的肮脏和污染理论之经典论述(locus classicus)。

鞋子本身并不脏，但把它们放在餐桌上却很脏；食物本身并不脏，但把烹饪用具放在卧室，或把食物溅洒在衣服上是脏的；类似的，浴室设备放在了客厅，衣服放在了椅子上，室外的东西放在了室

---

① Douglas, *Purity and Danger*, pp. 47-8.

② Ibid., p. 191.

③ Ibid., p. 48.

内，楼下的东西放到了楼上，内衣穿在了外面，如此等等。简言之，我们的污染行为就是这样的反应：谴责任何对象或观念，如果它们混淆了或违背了所珍视的分类的话。①

道格拉斯在这里指出，弄脏在于不同类别的元素的混淆，这不仅意味着清洁包括防止对象在不相容的种类之间不恰当的接触，而且把我们带回到这样一个核心观点，即没有事物本身是干净的或肮脏的，一切都取决于环境。但是，这是否也表明——像道格拉斯所认为的那样——肮脏是一种无序呢？

让我们再看一看实际情况。所引段落中的大多数例子都是关于无序的例子：东西和材料被放在不属于它们的地方。只有一个（食物溅洒在了衣服上）是弄脏的明显例子。确切地说，这里用“无序”来描述似乎不那么令人信服。其他的例子表明的环境，与其说是脏，不如说是乱。我们听到鞋子放在了餐桌上，我们就很容易同意“鞋子是脏的”这样的描述。但归根结底，这只是因为我们一般想到的是脏鞋子，而不是直接从盒子里拿出来的新鞋子。而声称鞋子本身就是肮脏物（不只是肮脏的），这种说法甚至更不可信，即使它们符合道格拉斯所提出的定义——“肮脏物”是“放错地方的东西”。

有意思的是，道格拉斯通常能注意到细微之处和概念上的区别，由于某种原因，她忽略了各种形式的错置之间的差异。其原因在于她有一个坚定的信念，认为肮脏即无序。特定事例之间的区别

① Ibid.

根本就模糊不清，肮脏就这么搭上了乱和不整洁的便车。当然没有人会否认乱和不整洁涉及无序或缺乏秩序，但是肮脏和无序之间的联系并不那么明显。整理房间不一定要清扫，东西也可以清洁而不用改变它们的次序（或无序状态）。“放错地方的东西”这个说法要求我们理顺这些区别。从字面上看，它和“错置的东西”是同义词，在很多情况下，这明显是对肮脏的不好的描述方式。另一方面，不那么字面地来理解“放错地方”，认为仅仅是“令人不悦的”或“不恰当的”，也并非就是错的，但它不再有无序的意思。[1] 毕竟，有一整类物品和地点，它们被造出来，就是用作容纳肮脏物的合法场所：试想一下手帕、抹布和垃圾箱。的确，餐后的残羹冷炙如果不剩在盘子里，然后扔进垃圾桶——而不是被扫落到地板上或桌布上，那么又该丢在哪里呢？有些地方是放置肮脏物的正确地方，这是许多清洁方法的一个不可或缺的特征，而不仅仅是偶然特征。

所有东西都有自己的家——
请使用提供的垃圾桶。[2]

垃圾桶里的剩菜当然被视作不要的东西。但是，在这个意义

① 在所引述的段落中，《洁净与危险》的瑞典语译本把“放错地方”翻译为“olämplig（不恰当的）”，把“肮脏的”翻译为“stötande（冒犯的）”，这使得整个论证不那么明显地站不住脚。把一个人的鞋子放在桌子上（通常）是冒犯的，因为这是不恰当的。但这当然不能支持“肮脏意味着失序”这一论断。Henry Nygård 博士（私人信件，2002 年 3 月 18 日）告知我译文与原文的出入。

② 广告宣传语，伦敦希思罗机场，2003 年。

上，错置的意思是否为除了肮脏物之外，还有别的东西也是肮脏的？

事物和材料可能放错地方，因为它们干扰了特定的过程或活动。火花塞中的尘土是杂质，因为它扰乱了发动机的平顺运行。而另一方面，这并不意味着所有干扰物质都被归类为肮脏物。油箱里的水也是一种杂质，但不能算作肮脏物。相反，虽然我衬衫上的肉汁污渍肯定会对我与客人的谈话产生干扰，但这并不是它算作肮脏物的原因。相反，它干扰到了我，因为我已经知道它是什么：肮脏物。简而言之，就"肮脏物是放错地方的东西"这个观念而言，我们还没能得出任何有价值的表述。到目前为止，似乎只能归结为一个同义反复的论断，即肮脏物是肮脏的。

尽管存在着这样的循环性，但是把肮脏物定义为"放错地方的东西"，也许并非毫无意义。如果目的只是为了把"弄脏"化约为"放错地方"，或者用"放错地方"来解释我们对弄脏的反应——或者也许，为了给出"肮脏（物）"的定义，让完全不理解这个概念的人能够正确地挑出弄脏的情况，那么才会是这种情况。但是，一个定义也可能具有好处，能让我们的注意力集中在我们已经知道但可能容易忽略的事物之间的联系上。在非常普遍的意义上，把肮脏物定义为放错地方的东西，至少强调了这样一个事实，那就是我们对肮脏（物）的一般态度包括了拒绝。我反对道格拉斯的理由只是，"放错地方"并不能解释为什么我们把某些物质当作"肮脏物"来拒绝，这只是对这种拒绝的重新表述。

作为反常和含混的不洁

道格拉斯将“不洁”作为一种总体概念，来处理各种各样的肮脏、污染、失序、杂乱、混乱、憎恶、危险和禁忌。有时她的例子涉及日常意义上的肮脏，有时涉及一些令人讨厌或困惑的元素，有时涉及仪式性污染，有时涉及看起来多多少少有些危险或异质的元素。

可以说，道格拉斯对待不洁的态度有些模棱两可。一方面，她希望能够证明对弄脏的判断依赖于情境。关于这一点，溅洒在衣服上的食物是一个很好的例子。无论是被认为有营养的食物，还是衣服，都不令人反感，但它们不合时宜地组合在一起，却会令人反感。另一方面，《旧约》中的仪式性洁净则完全不同。在经文中，有些动物被归类为不洁的，无论情境如何都被拒斥。道格拉斯提到，在《圣经》或其他地方，某些其他生命也遭到如此对待，包括疯子、死者、被杀害的敌人的尸体、畸形儿的出生和双胞胎的出生。[1] 尽管《圣经》中的可憎行为和其他类似的案例预先设定了一种文化背景，但它们在某种意义上是无关情境的，也就是说在特定的文化中，它们意味着不洁是绝对的。

道格拉斯认为，这些案例也可以被归入无序这一广泛的总体观念之下。她的总体论断是，被归类为仪式性不洁的人之所以具有这

① Douglas, *Purity and Danger*, p. 52.

种地位，是因为他们的阶级地位含混不清，而这意味着对秩序的挑战。

背景与前景

在她的书中，道格拉斯贡献了社会科学中的一个好传统，这可以说是源自相对性的启示之一。它是这样一种传统，把社会制度视为依赖于文化的而非不证自明的，由此来揭示其隐含的意义。一个研究异族社会的社会人类学家最要紧的任务就是试图明确表述出其成员在日常生活中遵循的规则。例如，一种文化涉及某种礼仪感，人类学家可能会试图以一系列被视为不恰当和被禁止的行为的形式来表达这种礼仪感。但“礼仪感”意味着什么十分重要，当地人往往认为正确的行为不仅仅贯彻了既定的规则，而且表达了理智的成年人的一种自然的态度特征。当地人看到的是自然和理性的行为，人类学家——在某种程度上，他必然会采取局外人的立场——看到的是处处被规则限制的行为。

现在假设这位人类学家将目光转向她自己家乡的文化，并试图找出其中的特征，她突然意识到这些特征与她以前研究过的很像。无论她观察什么，她现在都将通过一个相对化的棱镜来观察，显示出她自己的文化中被普遍接受的世界观，只不过是象征性的、具有文化特殊性和历史偶然性的。这也许解释了社会人类学和文化社会学对于大众的吸引力：它们既给予我们文化自我反思的必要性，也给予我们愤世嫉俗的难得机会。在评价道格拉斯时，我们需要考虑到本土视角和人类学视角之间的这种特殊差异。我们必须区分文化的前景和背景。

任何人，只要他与自己的人民生活在一起，都会对他们所使用的文化类别有一种自然的内在理解。有些现象，比如厨房里有没洗的盘子，被简单地视为事实。相关的清洁标准对知觉来说是一种不言自明的背景，如果不这么做，就得提出和解答更多的问题——例如，"我现在可以先放下盘子，过会儿再洗吗?"然而，文化前景和背景之间的区别意味着，对于以局外人身份来做研究的人类学家来说，局内人所认为的不言自明的事实，将作为由文化决定的态度的表达而凸显出来。就当下这个案例而言，对象一旦混合或涂抹了不需要的物质，就必须被隔离开来，或者必须依惯例浸入水中。局外人可以把这当作一条规则来表述，如果有人说存在着污染，这条规则就必须遵守。以类似的方式，异质文化的全部生活似乎都受到了规则的限制，人类学家有责任向她的读者明确说明这些规则。

例如，从她对我们文化决定的规则和禁令的总结性描述中，到访的人类学家可能得出这样的结论：在我们的文化中，穿有血渍的衣服是被禁止的。然而，尽管她可能会说我们遵循一条不成文的规定，但从我们局内人的角度来看，我们根本不会认为我们的行为是禁令的结果。我们不想违背所谓的规定，因为我们觉得更想要一件干净的衣服而不是一件不干净的衣服；因此，我们不是从规定的角度，而是从事实的角度来看待这个问题。固然，这些事实后来也引发了禁令；例如，故意用血毁坏别人的衣服是违法行为。我们还面临着最佳污渍去除方法这样的实际问题。这些事实的背景也必须以不同于仪式和象征的方式来理解。我再次引用《以赛亚书》。

你们举手祷告，我必遮眼不看，就算你们多多祈祷，我也不听；你们的手沾满了血。你们要洗涤、自洁，从我眼前除掉恶行；要停止作恶……耶和华说：来吧，我们彼此辩论。你们的罪虽像朱红，必变成雪白；虽红如丹颜，必白如羊毛。①

这位先知将罪与弄脏进行比较，是从一个不言自明的事实中得出的说服力，即肮脏的和干净的亚麻布之间的差异，而这正是它的可理解性的基础。一种象征只能在有意义的事实的背景下起作用；相反，将一个事实描述为仅仅是象征性的，这是在质疑事实的独立价值。将道德上和仪式上的污染与事实上的肮脏混为一谈——这在《洁净与危险》中可以找到——涉及象征与其可理解性的背景条件之间的混淆。我们现在回顾《旧约》，需要明白，无论是我们还是古希伯来人，都不认为清洁活动是一种象征性的实践。罪和所谓的不洁食物都仿佛被当作与事实上的弄脏相关，但在这一切的背景下，隐隐闪现着真实的、非象征性的弄脏，这是一个无可争议的事实。如果有人躲在一个凌乱的厨房之外，没有任何象征性的东西能令她恶心。因此，我们关于肮脏和干净的概念，本质上不是基于禁止，必须与可能相关但常常是仪式性的实践区分开来。后者以前者

① 《以赛亚书》1 章 15-16、18 节（NRSV）。

为先决条件。

在一个有趣的比喻中，哲学家彼得·温奇(Peter Winch)不是将人类学家与在实验室观察实验结果的工程师进行比较，而是将人类学家与一名学徒工程师进行比较，后者试图搞明白他的资深同事的日常工作。[1] 这里有一个办法可以再发展一下这种比较：高级工程师(当地人)用稳当的手操作机器，他们可以立即明白某个动作的含义。然而，学徒(人类学家)需要指导，以免毁了实验甚至伤及自己。因此，高级工程师专注于他们研究问题和实验对于解决问题的贡献，而学徒则专注于学习在实验室获得的规则。高级工程师不会碰某个机器部件，因为这很危险；学徒不会碰它，因为这是禁止的。在许多情况下，发布禁令是向某人传授新技能的第一阶段。

但这只是第一阶段。我们禁止我们的孩子摆弄电源插座，因为它很危险。然而，它被限制使用，不是因为它是禁忌物，而是因为它很危险。只有明白了这一点，孩子才能正确地理解我们的意思。同样，为什么不应该触摸肮脏的物体或把它们放进嘴里，只有当孩子不再用“被禁止”这样的方式来思考这类情况时，他才真正明白。的确，即使在成年人的生活中，我们有时也总忍不住忽视卫生和安全，但这并不是因为在内心深处我们更喜欢肮脏和危险，而是因为可能存在着其他压倒一切的利益。简单地把我们实际的清洁活动描述为对行为的一系列限制，这是有误导性的。更确切地说，这是我们其他实践活动的固有背景，这些实践活动建立在由正常成年人自然

① Peter Winch, *The Idea of a Social Science and Its Relation to Philosophy* (London, 1958), p. 88.

造就的干净和肮脏之间不言自明的区别之上。

那么，根据我们是从外部还是从内部看待它们，文化实践会呈现不同的情况。作为观察者和自我观察者，我们在这两种视角之间有一定的行动自由。然而，作为一般问题，追问这两种视角中有哪一种是正确的，这似乎没有意义。远远观察某人的社会，提醒自己人类文化的多样性，有时候当然有其理由；而有时也有理由不这么做。

例如，想一下核心家庭的观念以及与之相关的婚姻观念。再进一步思考一下浪漫爱情和终身一夫一妻制这两种观念所产生的可预见的情感冲突，这些冲突是布尔乔亚小说的标准内容。想到这些悲剧只在一个特定的社会中才有可能发生，而其他社会中悲剧则以其他形式发生，这对我们的思考很有帮助。西方资产阶级家庭是一个历史和地理上的有限现象，不能随意投射到其他时代和地方。我十分明白这一点；但是，如果我因*我的*核心家庭的事务而困扰，明白这一点对我没什么帮助。古希伯来人不会和我有一样的问题，话又说回来，我也不是古希伯来人。从某种意义上说，我自己的处境是文化和历史的特定情形的偶然产物，但我的任务仍然是弄清楚该如何应对。如果我问爱是什么——爱一个人是什么意思——我必须(至少以此为起点)询问，在这个特定的时间和地方，爱对我而言意味着什么。从这个意义上讲，哲学论证总是从个人出发的(ad hominem)。

感知的作用

很好——我们，某个特定时间和地方的孩子，从肮脏与干净的区别中感知我们的环境。我们很少质疑，这对我们来说是很自然的，也许在某些情况下是无甚裨益的。但现在难道不能问：撇开我们的感知方式，这个世界到底是什么样的？肮脏真的是物质世界的一种元素，还是仅仅是我们理解它的一种方式？换言之：当道格拉斯论证说，肮脏不太是现实的一个元素，而更多的是我们强加给现实的象征性秩序的结果，她说的难道完全没道理吗？

在这个关键节点，我们需要反思感知。道格拉斯提出一个论点，它假定了两层含义。在第一个层面上，"外在"就是现实，是原始的和未分类的。另一方面，人类——或文化——创造了第二个层面，这个体系将现实的各种元素带入彼此有意义的关联。根据道格拉斯的观点，只有当现实经由这第二个有意义的层面过滤之后，我们通常才能感知它。对于基本的、过滤之前的、未经人类分类的现实，她的看法是什么？有没有可能第一步就描述这样的现实，而不用受我们的智识和情感本性的遮蒙？

事实上，道格拉斯似乎指望这样的可能性，要不经过任何中介而与现实进行接触。[1] 她认为，这种接触是一种特殊的体验，她以

① Douglas, *Purity and Danger*, p. 49.

萨特对存在之畏(existential angst)的感受为例。[①] 然而,尽管她展现出认同存在主义的姿态,在我看来,道格拉斯最终是在颂扬伽利略之后的科学崇拜。她利用了一种隐含的形而上学,这种形而上学否定日常经验有能力呈现现实的本来面貌,并且隐含地认为,关于现实的真实特性这个问题,自然科学才是仲裁者。一个包含有意义的元素的世界仅仅是人类意识的投射。另一方面,尽管她在此情景下诉诸萨特,但我并不确定无疑地认为这就是萨特的观点。在任何情况下,我们都不应该理所当然地假定罗冈丹(小说主人公)与小说家是等同的,或者小说家与哲学家是等同的。

在写作《恶心》的同时,萨特还在写哲学论文,探讨经验和现实之间的关系。这里的一个由始至终的主题是这样一种观念,幼稚的、未经反思的经验不需要被属于反思阶段的材料解释、支持或质疑。在哲学式的文学中,爱、恨、恐惧和同情通常被视为感知者投射到环境之中的情感,但萨特希望站在反思前的经验那一边,把它们视作各种方法,用来发掘事物现有的可爱、可恨、恐惧和讨喜的品质。也许萨特对此最坚定的表述包含在他 1939 年关于"意向性(intentionality)"的短文中。日本戏剧面具并不是一块雕刻的木头,在上面我投射了我的恐惧;恐惧是面具的一种性质,不能与之分离。萨特想让我们回到"我们文雅的思想家如此深深不信任的事实:如

① 同上书,第 51 页。道格拉斯援引了萨特在《存在与虚无》(伦敦,1989 年,初版于 1943 年)第 610－612 页中描述的黏腻经验,道格拉斯的描述与罗冈丹在 1938 年经历的那个故事类似。然而,人们可能会问,这种经历是否会令人恶心。有时萨特强调,罗冈丹经历的消极方面可以被归结为某种"糟糕的旅行"的影响。

果我们爱一个女人，那是因为她可爱”。[1] 对于萨特来说，情感是我们接近感知对象的方法之一。与之相反，道格拉斯把感知描述为一种伪造。

人们普遍认为，我们所有的印象都是从一开始就照章循法地被决定着。在不断变化的印象的混乱中，我们每个人都构建了一个稳定的世界，在这个世界中，对象具有可辨识的形状，位于某处，具有持存性……那些拒绝被纳入的令人不自在的事实，我们就发现自己会对此忽视或歪曲，以便它们不会扰乱这些既定的假设。总的来说，我们注意到的任何事物都是预先选定的，并且在感知活动中被组织起来。我们与其他动物共享一种过滤机制，这种机制一开始只让我们使用我们知道怎么用的感觉能力。[2]

道格拉斯在这里论证，我们——或者说，我们的神经系统基于感觉印象构建了一个世界模型。这是一种广泛应用于知觉心理学的理论。然而，她对污染概念的建构主义解释有些模棱两可，我们可以通过比较加着重号部分和引文的其余部分看到这一点。如果我们要忽视或歪曲事实，我们必须从感知它们开始。问题在于，当

---

① Jean-Paul Sartre, ‘Une idée fondamentale de la phénoménologie de Husserl: l’intentionnalité’, in Jean-Paul Sartre, *La transcendance de l’ego, esquisse d’une description phénoménologique* (Paris, 1981), Appendix v, pp. 109-13, at p. 113. 英译和着重号皆出自作者本人。

② Douglas, *Purity and Danger*, p. 49. 着重号是本书作者添加的。

神经系统过滤掉异常信号时，肮脏是我们首先感知到而后歪曲的事实，还是在早期感知阶段想要寻找的关键时刻？在后一种情况下，那些信号不能构成已被忽视或歪曲的多余经验。① 因此，它们不能构成异常信号，而正是这些异常信号编造了肮脏这一范畴。

现在考虑另一种可能性：我们对肮脏的经验是由已经通过认知过滤的材料组成的，而“肮脏”这一范畴将被理解为一种组织原则，强加给了原本中立的经验。“肮脏是由心灵的辨识活动创造的。”②现在还不清楚的是如何描述所谓原本的和中立的经验。其对象是什么？化学物质、原子、延展的物质？如果我们用道格拉斯的话来说，所有这些描述都会遇到同一个问题：它们不是认知上处于原始状态的，但它们和任何一般概念一样，都是源于同一种分类活动，而这种分类活动被假定产生了对肮脏的感知。

结论就是：“肮脏”作为一种范畴，其构成与“肉汁”或“碳水化合物”差不多。如果我们顺着这条线索继续下去，我们还须得出结论，对道格拉斯来说，感知任何事物的真实状态，根本就没有这种事。对道格拉斯来说，这种普遍的怀疑主义并不是什么好事，尽管她的理论似乎暗示了这一点。毕竟，她想保留这样一种可能性，在污染

① 可能的解释是道格拉斯提出了两个论点：一个是关于哲学的，另一个是关于知觉心理学的。哲学论证是康德的：一切知觉都以秩序为前提。我们感知到世界在时间、空间和因果关系方面是有序的。知觉心理学的论证涉及一个假设，即知觉是保守的。我们不能轻易适应不熟悉的环境，我们倾向于通过把来自过去经验的模式强加于其上来解释这些环境。

② Douglas, *Purity and Danger*, p. 190.

和一个客观的、可辨认的有形事实世界之间建立一种对立，而前者是人类的意义生产过程的主观结果。现在看来，“物理对象”“肉汁”和“肮脏”流向“象征性秩序”这同一条排水沟——而留给我们“一个黏糊糊的世界(all the world a jelly)”。

第六章　压制“他者”:关于卑贱物的神话

卑贱之物与思想的诸范畴

最近关于弄脏、垃圾和污染的理论工作大多以道格拉斯的研究为起点。中心主题是如何在个人之间、社会群体之间、自然与文化之间划定界限。在最后的分析中,主导的问题只涉及可能的思想和经验所处的境况。

康德有句名言,自然从来没有如其所是地向我们呈现过——以“物自体”的形式——由于我们的认知器官的构造,它会以我们进行添油加醋的理解之后的形式呈现。正如康德在《纯粹理性批判》中所阐明的那样,对现实有意义的评判,隐含着两个密切相关的维度:

一方面是先天的、理性的，与我们在逻辑和直觉的先天形式中给定的思维形式一致；另一方面是基于知觉的经验性信息维度。不管我们会有什么样的未来经验，我们已经知道它们将发生在一个线性时间和三维空间的宇宙中，在这个宇宙中因果律在起着作用。

这是康德的看法，但认同他就是合理的吗？他从哪里得到的信念，认为我们的经验和判断会永远符合他所制定的原则？康德的回答是：因为我们的思维总是像安排好一样呈现来自经验的材料，因此我们的评判必须以特定的思维形式或范畴（例如这样的范畴：可能性和不可能性、必要性和偶然性、因果性）呈现出来。[①] 换言之，如果只有借助直觉和逻辑范畴的形式，我们才能将某事物视为是存在的，视为可能的知识对象，[②]那么这些限制条件必须被视为是既定的或先验的。根据康德的观点，它们最终只是表达了：主体将自身与任何客观实在联系起来，其意义是什么。问是否还可能存在其他类型的思维方式，这毫无意义，就像在问逻辑是否必然是符合逻辑的。

假设现在有人仍然想问：这个独立于人类认知能力的世界本身是什么样子的？它有何种逻辑和经验秩序？康德会说，这是一个毫无意义的问题。我们不能超越思维的限度。事实上，即使这样的说法也会让步太多，因为它暗示了一个有限度的形象，因此也不可避免地出现超越限度和在另一边找点什么的想法。好像有什么事情

① Immanuel Kant, *Critique of Pure Reason*, trans. Norman Kemp Smith (London, 1964), A80/B106, A70/B95.

② Ibid., B126, B165.

可以做，但出于某种原因，我们就是做不到。对于康德来说，“超越思维的限度”不是要用一种全新的、前所未闻的方式来思考——而是仅仅就是不去思考。

一百多年后，随着观念论哲学日渐式微，涂尔干重启了思维方式的必要性这个问题。“说范畴是必要的，因为它们是智识活动不可或缺的，”他抗议道，“这只是在重复说它们是必要的。”[①]他认为需要一个解释，并且必须采取以下形式：用自然来解释我们的直觉和思维表现。必须表明思维方式的必然性可以被解释为人类自然条件和社会条件的结果。这一提议在当代肮脏哲学中得到了进一步发展。涂尔干认为，范畴施加给我们思维的强迫力，在最后一个例子中，只是社会秩序的强迫力的结果。相反，只有社会成员都同意他们用某些方式来组织思维，社会秩序才能维持。但这一切都具有历史的偶然性；它依赖于权力关系，因此，它可以被揭露和挑战，也可以被超越。

例如，肮脏和玷污的重要意义，这样的问题最初由涂尔干提出，后来在茱莉亚·克莉斯蒂娃(Julia Kristeva)的作品中也有所强调。对于克莉斯蒂娃来说，我们的一般思维利用了文化决定的符号系统，这是我们所有提问和回答的正常框架。在最终的分析中，它要我们以二分法的形式来对这个世界进行概念化——真与假、是与否。然而，她相信还有第三种选择是可能的，也就是没有在系统中呈现的一切：所有不要的东西或“卑贱之物”。人类对被拒斥的元素

① Émile Durkheim, *The Elementary Forms of the Religious Life* (London, 1968), p. 17.

的反应是恶心、恐惧或鄙夷其中的一种。[1] 这就是为什么我们对污秽的反应具有哲学上的重要性。它们从实验上确证了，现实的某些部分不在纯净的、有序的思维能到达的范围之内。克莉斯蒂娃引用道格拉斯和其他人类学资料来记录一种“拒斥的逻辑，导致了卑贱物的存在”。[2]

> 因为它被排除在可能的对象之外，被认定是不可欲的对象，被憎恶为卑贱的、卑贱之物，污秽成了玷污，并建立在从此被释放的“自我与干净”秩序的一边，因此这秩序是唯一神圣的(也因此，总是神圣的)。[3]

这样，干净与肮脏之间的对立最终被理解为自我与他者之间的对立，同时也是逻辑与不合逻辑之间的对立。逻辑的、自我的和干净的，进一步被认为是世俗的、熟悉的，而不合逻辑的则被认为是神圣的。

从前面的段落可以看出一些端倪。在目前正在讨论的这场争论中，肮脏和污秽主要被当作“他者”，当作绝对被拒绝的东西，而不是当作依赖于环境和实际考量因素的东西。此外，这场讨论是理论驱动的，因为它的主要焦点不在于这个样子的弄脏。相反，它的目

---

① Cf. Julia Kristeva, *Powers of Horror: An Essay on Abjection* (New York, 1982), pp. 1-8.

② Ibid., p. 65. 着重号为原书所有。

③ Ibid.

的是一般地在文明的后院搜寻打探，寻找那些与社会生活和思想的假定结构不完全匹配的东西。由此，所有不正常的事物都被当作“他者性”的潜在例子。在这里也可以说一下神话，因为典型的神话思维方式中，这种玷污的概念在多个文化层面上发挥着作用——有艺术、文学和政治思想以及学术研究。称其为神话，我现在就是在表明自己的态度。一方面，我建议谨慎行事；另一方面，我认为这整个计划还不是一个能断言真理的理论，而只是一幅图景，旨在展现一种视角，关于我们在宇宙中的地位的一种视角。因此，关键的问题并非“这幅图景是真的吗?”而是“它让事情变得更清晰还是更模糊?”

整个计划必须被合理地视为西方文化自我理解的一个特征：野蛮人和原始人，像神经质和婴儿一样，对欧洲人来说是用得很顺手的镜子，在其中他们希望照(不)见自己；或者仅仅是银幕，他们可以把他们隐秘的欲望和恐惧投射在上面。

圣洁作为限制性概念

社会学的奠基人涂尔干仍在入口处召唤着我们。首先，涂尔干的社会学兴趣集中在社会团结的问题上，亦即什么使得一个社会保持在一起。这一点也正体现在他论述“原始”宗教的伟大著作中，这本书就是《宗教生活的基本形式》，初版于 1912 年。他的主要问题具有普遍意义。我们如何解释，普通的男女——组成了所有社会的那些个体——在某些情况下会准备为了社会的利益而牺牲他们的个人福祉，乃至生命？涂尔干合理地驳斥了社会契约理论，这是一种关于社会起源的看法，他把它归于霍布斯（归对了）和卢梭（归错了）。社会生活不可能最终建立在任何契约的基础上，相反，社会团结就已经意味着有社群了。[①]

在《宗教生活的基本形式》的导论和结束语中，涂尔干明确表示，他希望将社会团结的问题与用自然来解释思维范畴这样的观念联系起来（他与康德不同，他的思维范畴中还包括时间和空间，即直觉形式）。[②] 他认为，范畴的特征在于它们施加于思维的**强制性**。它们是关于我们应该如何思考的规范——但规范从何而来？涂尔干的回答是：它们必定来自社会。社会组织的必然性容不下其他东西。

> 如果人们从来就不同意这些基本的观念，如果他们对时间、空间、原因、数量等没有相同的概念，那么他们的思想进行任何接触都

---

① Émile Durkheim, *The Division of Labour in Society*, with an introduction by Lewis Coser, trans. W. D. Halls (London, 1994), pp. 150, 162. 参见 Jean-Jacques Rousseau, 'On the Social Contract', in Jean-Jacques Rousseau, *Basic Political Writings*, trans. Donald A. Cress (Indianapolis, in, 1988), pp. 141-227. In Book ii, Ch. x, pp. 168-70. 卢梭像涂尔干一样，认为社会契约只有在一个已经被其他关系联合起来的社会中才可能存在。

② Durkheim, *The Elementary Forms of the Religious Life*, pp. 17, 440. 参考 Kant, *Critique of Pure Reason*, A78-A79, B104-B105. 康德把时间和空间描述为我们感知方式的纯粹形式（A42, B59）。这些范畴是"理解的纯粹概念（pure concepts of understanding）"。经验判断意味着经验（与空间和时间是相一致的）是通过与范畴相一致的理解而综合起来（组织起来）的。

将是不可能的，由此，所有的共同生活也是不可能的。因此，社会不能既将这些范畴抛给个人去自由选择，而又不放弃自身。[①]

社会，最重要的就是保持在一起，因为其成员有着相同的思考方式。离经叛道者被排除在外，他们被认为是疯子或恶人。[②] 主导性思想规范必须被视为不可侵犯的，在这一过程中，宗教和圣洁扮演着核心角色。宗教激起了涂尔干的兴趣，因为对他来说，宗教是个人与社会关系中一切至关重要的事物的聚集地：施加给个人思想的外部的、匿名的、集体的压力，以及作为这种压力来源的社群"集体意识"。

对于涂尔干来说，圣洁是异质的(heterogeneous)。从字面上来理解，就是"其来源并非世俗，而是其他"。禁令和禁忌会划出界限，最大限度地减少风险，以防在圣洁与世俗之间的关键分界线上发生不受管制的接触。[③] 涂尔干时代的人类学家认为，在这方面，圣洁让人想起了另一个完全对立的范畴：不洁。事实上，他们相信这种差异有时会完全消失：一个对象是不洁的，因为它是圣洁的；它是圣洁的，因为它是不洁的。主要问题是它的异质性、它的绝对他者性。学术争论热切地采纳了这一看法：圣洁具有两重性。人们认为，原始人对待圣洁的态度，是带着爱和尊重，也带着憎恨和恐惧，这是一种不可思议的感觉。这个看法最初是由 19 世纪晚期的英国神学家

① Durkheim, *The Elementary Forms of the Religious Life*, p. 17.

② Ibid.

③ Ibid., pp. 127-33.

兼人类学家罗伯逊·史密斯(Robertson Smith)提出的,他以研究早期闪米特宗教而闻名。[①] 圣洁的两重性这个观念很快蓬勃成长起来,而它已经被认为是一个学术神话。[②] 就我们当下的目的而言,没有必要评价这一主张本身的真实性,而只需要追溯其在西方知识分子话语中的命运。

回顾涂尔干,可以说他描绘了社会团结的主要积极作用,这一事实肯定有助于树立他死后作为法国第三共和国的官方理论家的地位。但是,下一代的学者开始关注排他性,也就是团结的黑暗面,诸如卡尔·施米特(Carl Schmitt),他曾以纳粹德国的法理学家身份而闻名。[③] 总而言之,活跃在两次世界大战之间的思想家们发展了团结观念的诸多方面,这些在涂尔干的工作中有所体现,但尚未完全阐发。关于肮脏和玷污的讨论部分由涂尔干学派[④]的成员进一步展开,部分由西格蒙德·弗洛伊德(Sigmund Freud,1856—1939)在其职业生涯的后期进行。这些线索在乔治·巴塔耶(Geor-

① William Robertson Smith, *Lectures on the Religion of the Semites: First Series: The Fundamental Institutions* (London, 1974). 亦见于 Tiina Arppe, Pyhä jakirottu. *Pahan ongelma ranskalaisessa yhteiskuntateoriassa* (Helsinki, 2000), p. 35。

② Giorgio Agamben, *Homo sacer* (Paris, 1995), pp. 85-90. 亦见于 Arppe, *Pyhä ja kirottu*, p. 36。

③ 施米特认为,一个社会总是由它与敌人的关系而被建构的。我们必须在我们和被认定为"存在上的不同和异族"的人、团体或社会之间划出界限,后面这些人代表"他者、异族"。今天,施密特也被称为各种新保守主义智库的灵感之源。Carl Schmitt, *Der Begriff des Politischen. Text 1932 mit Vorwort und drei Corollarien* (Berlin, 1991), p. 27.

④ 参考 Y. Nandan, *The Durkheimian School: A Systematic and Comprehensive Bibliography* (Westport, CT, 1977)。

ges Bataille)和后来的茱莉亚·克莉斯蒂娃那里交汇,成为今日学者的灵感来源。

禁忌、强迫症和内心的兽性

在巩固了他的精神分析运动之后,弗洛伊德对文化历史和社会分析领域进行了越来越大胆的探索。随着《图腾与禁忌》(初版于1913年),随后是《文明及其不满》(1930年)和《摩西与一神教》(1938—1939)的出版,他加入了当时正在进行的争论。这场争论是关于社会生活和道德的基础——在他的晚年,这些正是他奇思异想的主题。[①] 跟涂尔干一样,他抓住了神圣的两重性这一观点。玻利尼西亚语的"禁忌"(taboo)一词的意思既是"神圣的、献给神的",又是"不可思议的、危险的、禁止的、不洁的",这和 sacer 这个词一样,也就是"禁忌"在拉丁语中的对应词。[②] 弗洛伊德认为,共同点在于禁止触摸和这样的观念:圣洁/玷污具有传染性并通过触摸来传播。打破禁忌通常要倾注大量的感情。违反规定的行为必须通过赎罪仪式来消除,仪式性净化通常涉及仪式性地用水清洗。[③] 根据弗洛

① Sigmund Freud, *Das Unbehagen an der Kultur* (Vienna, 1930); Sigmund Freud, 'Der Mann Moses und die monotheistische Religion', in Sigmund Freud, *Gesammelte Werke*, Band xvi: *Werke aus den Jahren* 1932-1939 (London, 1950), pp. 101-246.

② Sigmund Freud, *Totem and Taboo*, authorized trans. by A. A. Brill (NewYork, 1946), p. 26.

③ Ibid., pp. 38, 39-40.

伊德的说法，这也是现代神圣概念的本义。

既然禁忌没有合乎理性的解释，那该如何理解它？第一个谜团在于，似乎靠着完全武断的方式，就从相关对象里划分出被禁的那部分。第二个是禁忌有着难以置信的力量，尽管它在理性看来似乎完全缺乏驱动力。第三个问题是两重性，即被禁的对象被认为既令人着迷又令人反感。

解决办法——对他来说是最关键的——就是个人与文化发展之间的相互作用，这也是弗洛伊德文化分析的恒久主题。从心理学上讲，每个个体的成熟过程所经历的各个阶段，都表现着人类从动物到文明的发展历程。南方国家代表人类的童年，在当时的人类学中被认为是不证自明的（当然也是殖民扩张的基石）。例如，它体现在詹姆斯·弗雷泽爵士（Sir James Frazer）的影响深远的著作中，弗洛伊德从中收集了他关于“野蛮人”或“原始种族”的大部分信息。那么，如果野蛮人是孩子，倒过来使用最开始的观念就再自然不过了：来自儿童成长过程的材料可能会相应地让原始文化更易于理解。但弗洛伊德的主张则更进一步，神经官能症代表了从婴儿期到成人期的发展停滞——主要观点就成了“禁忌和强迫性神经症之间的心理学对应”。[①] 因此，《图腾与禁忌》的副标题是“野蛮人和神经官能症患者的精神生活之间的相似性”。

婴儿的、神经官能症的和野蛮的头脑具有巫术思维的特征。它通过象征性关联来运作，而真正的因果作用却被忽略了——因此，

① Ibid.，p. 49.

巫术假定“思想的全能性”，即具有仅仅通过想象来改变世界的能力。[①] 观念之间的关系被误认为是事物之间的关系。在强制性或强迫性神经症中，不断出现的新对象具有威胁性，因为思维在对象和病人的恐惧之间建立了联系链。弗洛伊德运用了因弗雷泽而广为人知的分类法，认为这里有两条巫术原则在起作用。[②] 在接触巫术中，性质和力量通过身体接触从一个对象传递到另一个（接触被禁物的手变得仪式性的不洁），而模拟或顺势巫术的原则暗示着彼此相似的对象之间的影响（制作一个小人并戕残它，就能伤害敌人）。

弗洛伊德的著作中包含了禁忌和避免肮脏之间相对应的几个例子。在那两种情况中，污染都是通过物理接触传播的，禁止接触是其中的核心要素。违反触摸规则会引起一种不安感和对净化的渴望。然而，在《图腾和禁忌》中，弗洛伊德小心翼翼地区分了仪式上的玷污和事实上的弄脏。前者最终是乱伦禁忌的一种表达，而避免乱伦可能只是服务于“审美和卫生目的”。[③] 事实上，这一区别对于弗洛伊德在这个阶段的计划是至关重要的，因为理智的成年人——也就是你和我——和婴儿、神经官能症患者、野蛮人之间的核心区别，据说恰恰在于如下事实：和他们不同，我们能够感知现实和象征的区别。可以肯定的是，巫术上的玷污和实际的卫生之间的基本区别，以及有时真实的卫生被用作一种象征，两者并不矛盾，正

① Ibid.，p. 112.
② Ibid.，p. 108.
③ Ibid.，p. 128.

如和本丢·彼拉多一样，或者如弗洛伊德从弗雷泽处引用过来的例子一样：他提到"野蛮部落的武士"会采用"最高等级的忠贞和清洁，一旦他们踏上上战场的道路"。[①] 弗洛伊德甚至认为"巫术动机"可能被用来"掩盖"、掩饰或隐藏（drapieren）审美的和实践的考量。[②]尽管如此，我们还是假定象征和现实之间存在着确定无疑的区别。

然而，在弗洛伊德后来的《文明及其不满》[③]一书中，这一基本区别趋于瓦解。到了这本书的时候，清理和整理工作在欧洲人那里也呈现象征意义。弗洛伊德只是对文明失去了信心，因为我们都是野蛮人，我们的生活方式是神经官能症式的。无止境提高的卫生标准是文明社会的常态，但这不过是被迫的，无论是对生命存活还是对生活质量的提升，这些都没有明显的效用，即使它们被健康因素合理化和掩盖了（而在《图腾与禁忌》中，弗洛伊德仍然在相反的意义上谈论"掩盖"）。[④]

如果早在具备可能对健康产生影响的知识之前，我们对清洁的痴迷就已经存在，如果清洁的根源是象征性的而不是事实性的，那么它的起源必须在儿童成长中去寻找——更准确地说，在如厕训练（toilet training）中寻找。我们又一次看到巫师伸手去拿他的万能钥匙，这把钥匙现在越来越像撬棍了。弗洛伊德认为，个体儿童的成长只是人类集体史前史的重演：我们必须假定"文化过程与个体

① Ibid.，p. 127.

② Ibid.，p. 128.；参见 Sigmund Freud，*Totem und Tabu*，in Sigmund Freud，*Gesammelte Werke*，Band ix (London，1948)，p. 121。

③ Sigmund Freud，*Das Unbehagen an der Kultur* (Vienna，1930).

④ Ibid.，p. 59. 参见 Freud，*Totem and Taboo*，p. 128。

的‘力比多’发展是等量齐观的”。① 在如厕训练中，婴儿被教导对自己的排泄物感到恶心——排泄物起初被认为是自己身体的一个有价值的、独立的部分——由此自我和外部世界之间的基本区别被确立了起来。在经历这一成长的过程中，婴儿最终重演了人类学会直立行走的决定性时刻，解放了双手和视觉能力，以便对周围物体进行合理使用。肮脏代表了粪便，代表了回归自然状态的婴儿式的愿望，是一种由嗅觉支配的存在。如厕训练禁止向动物生命形式的任何退回。

这种重新评估几乎是不可能的，除非在人类学会直立行走并离开地球表面之后，这种从身体中排泄出的物质，由于其强烈的气味而注定要参与总体命运的安排，而命运又刚好为嗅觉刺激保留了一线生机。于是，肛交欲望成为第一个“器官压抑”的受害者，而这种压抑为文化铺平了道路。②

弗洛伊德通常不太讲明他受惠于哪些哲学前辈们，也许是因为他喜欢把自己看成一个经验科学家，而不是一个推理思想家。不管怎么说，认为他受到康德《人类历史的假定开端》③这篇短文的影响，这并不牵强。对于康德来说，使我们成为人的，是自我约束的练

① Freud, *Das Unbehagen an der Kultur*, p. 59.

② Ibid., p. 63.

③ Immanuel Kant, ‘Mutmasslicher Anfang der Menschengeschichte’, in Immanuel Kant, *Werke*, Band iv: *Schriften von* 1783-1788, ed. Ernst Cassirer (Berlin, 1922), pp. 325-42.

习(否则康德就不是康德了)。人类最初丧失恩典，抑或从动物到人类的转变，都意味着他不再仅仅凭一时冲动行事，而是凸显理性的地位。康德将这一点与视觉对嗅觉的霸权联系起来。嗅觉和味觉在味美到恶心的简单评价坐标上运作，而视觉容许一种推论式的(discursive)反应。对于视觉对象的情感反应几乎总是建立在先前对所见事物的辨认之上。眼睛相对于鼻子和嘴巴存在优先性，这是理性思维的根源。

然而，与此相反，对于弗洛伊德来说，普通的欧洲人似乎没有被理性所统治。我们当然已经掌控了我们的动物冲动，但是作为代价，我们让自己被巫术思维引导着。尽管如此，弗洛伊德并不轻视西方的理性，因为他仍然认为控制感情是一件普遍积极之事，尽管我们必须以文明及其不满这样的形式为代价——通过超我来抑制本能，要求我们放弃一切动物性，从而放弃一切不洁和肮脏的事物。弗洛伊德之后的下一代学者并不如此确信。

作为意义之界限的异质性

我们现在考虑一下乔治·巴塔耶(1897—1962)，他使用与涂尔干、弗洛伊德类似的人类学材料做研究，成为后世所称的后结构主义的先驱。或许他甚至刺激了整个人文学科的研究：举例而言，正如他所希望的那样，历史学家如今明白了研究社会边缘人和被社会边缘化群体的意义。[1] 在大多数情况下，很难准确地说明新思想从哪里来，因为当知识氛围良好时，许多人往往会同时产生非常类似的想法。对于巴塔耶来说，情况比较糟糕，因为他在恶心和施虐的主题上来回打转，可能会导致学者们低估或夸大他的影响。至于他的背景，涂尔干学派对他的影响是显而易见的。

根据涂尔干的方法，巴塔耶认为，必须在社会分层和排斥的语境下看待可能的思维方式（范畴的必要性）的局限性，包括将社会外来者驱逐为“他者”，以及在干净和不干净之间划定界限。他认为，这两种方法都涉及从系统中排除不需要的元素，这两种方法将在一个设计好的研究领域以“异质学（Heterology）”或“Scatology”之名进行更准确的研究——对他者的研究、对排泄物的研究。[2] 巴塔耶认为“同质性”和“异质性”是人类存在的两个基本范畴，它们的根源在于占有和排泄的双重冲动。[3] 同质性是“自己的”和熟悉的，是干净的和可由推理理解的；异质性是“他者的”和陌生的，是污秽的和可憎的，是不可说的和无法思考的，依据两重性原则，可能既是不洁的，又是神圣的。

通过这一点，巴塔耶相信他能够解释为什么被我们的文化归为异类的，不仅有排泄物、废弃物和害虫，还有“身体部位、人、具有色情意味的语言和行为”，以及非我同类的社会群体，例如“人民大众、

① 例如，米歇尔·福柯协助出版了巴塔耶的作品集，并从他那里获得了关于越轨和极限体验的想法。

② Georges Bataille, 'La valeur d'usage de D. A. F. de Sade', in *Oeuvres complètes* (Paris, 1970-88), vol. ii, pp. 54-73.

③ Ibid., p. 58.

武士阶层、贵族和穷人，不同类型的使用暴力的人，或者至少是拒绝服从的人（疯子、领袖、诗人等）”。①

当某种元素被理解为异质的，它总是相对于组织的一些原则而言的，例如熟悉、价值、实用性或有用性。异质性是这样的东西，它与任何“异于”它的原则形成对比，这意味着对象本身都不是异质的；因此，不能说粪便总是异质的。直接研究人类排泄物就已经把它带入了一个推理的宇宙，而异质性是绝对的他者。对它进行定义和描述，就已经忽视它的他者性了。我们的理解只能以间接的方式接近异质物。然而，“异质学”希望能够描述人类理解他者性的方式。对巴塔耶来说，他者性一方面包括排泄和排斥的过程，另一方面包括被拒斥的元素身上同时出现的排斥和吸引之感。② 至于特定物质的主观异质性——例如正在腐烂分解的尸体的汁液——可以直接从经验中感受到。③ 异质性也可以采取一种宗教或色情的形式，它也可能会引起恐惧的感觉。

① Georges Bataille, 'La structure psychologique du fascisme', in Georges Bataille, *Oeuvres complètes* (Paris, 1970-1988), vol. i, pp. 339-71, at p. 346. '... les parties du corps, les personnes, les mots ou les actes ayant une valeur erotique suggestive; les divers processus inconscients tels que les rêves et les névroses; les nombreux éléments ou formes sociaux que la partie homogène est impuissante *à* assimiler: les foules, les classes guerrières, aristocratiques et misérables, les différentes sortes d'individus violents ou tout au moins refusant la règle (fous, meneurs, poètes, etc.).' 巴塔耶认为，当社会的同质部分想要实现其纯洁和控制的梦想时，法西斯国家就可能会出现。在一个“神圣”的（也是异质的）领袖的指挥下，异质的边缘社会群体将被排除在社会之外。

② 见 Bataille, 'La valeur d'usage de D. A. F. de Sade', pp. 62-4。

③ Ibid., p. 59.

同质性的界限，一部分可以通过研究交叉领域来探究和证明，一部分通过实验性的越轨行为，在摇头丸、荒诞、犯罪、施虐、醉酒、自我放逐的瞬间狂欢中来探究和证明。这一点也在1951—1953年巴塔耶举办的一系列关于非知识（non-knowledge/non-savoir）的讲座中得到了探讨，讲座把大笑和哭泣描述为异质性体验的例子。[①]

严格地说，在异质学中，不存在什么理念暗含着对排泄的文化过程的价值判断。事实上，这种判断从一开始就似乎毫无意义，因为判断必须要从被评判的话语内部作出。然而，巴塔耶给了我们相当明确的信号。异质性代表创造力，代表赋予生命的东西；异质性代表让人死的文字。[②] 现代人类过着一种没有任何预定意义的生活。生活的复杂性和含混性是由于它既包含了什么是可理解的，又包含了什么是不可理解的，每一个都是它不可或缺的一部分。“邪恶”等于无法理解和控制，死亡就是它的主要实例。但如果死亡就是生命中暗含着的生命的构成限度，那么“邪恶”就是“善”的一个构成条件，直面死亡赋予生命强度和意义。因此，意义与善并不是同一回事。通过有意识地想要得到不受控制之物，意义伴随着生命被创造出来。[③] 巴塔耶举了夸富宴（potlatch）做例子，这是太平洋沿

① Georges Bataille, ‘Non-savoir, rire et larmes’, in Georges Bataille, *Oeuvres complètes* (Paris, 1970-1988), vol. viii, pp. 214-33.

② 参见《哥林多后书》3章6节，King James Version (KJV), www. biblestudytools. com, accessed 8 June 2016.

③ 寻找这些表述时，我受惠于 Mats Rosengren 2002年6月7日在 Södertörn 举行的北欧哲学研讨会（Nordic philosophical Symposium）上发表的稿件。

岸的北美原住民的盛宴，在宴会上财产被有计划地毁掉。[①] 他以这种方式总结了他的理论抱负。

最重要的是，异质学反对对这个世界进行任何形式的同质化表述，也就是说，反对任何哲学体系。这类表述总是想要尽可能地剥夺宇宙中任何令人兴奋的来源，并开发出一个奴性的人类空间，仅仅是为了制造、合理消费和保存产品。但是，智识过程通过创造垃圾产品来自动地限制自己，从而以一种无组织的方式解放排泄物中的异质元素。异质学只是有意识地、坚定地承担起这一终端过程，到目前为止，它一直被视为人类思想的流产和耻辱。**正是在这一点上，它（异质学）与哲学过程完全背道而驰——它从占有的工具，转变为排泄的服务，重新获得隐含在社会生活中的暴力形式的满足。**[②]

康德的观点是，我们能知道些什么，是有明确限度的。这就是说，哲学的目的在于澄清逻辑的秩序，这种秩序体现在思维和语言界限的熟悉的、有意义的一面上。巴塔耶的目标显然与此不同：他想超越界限，在酒神的狂喜行为之中，获得一些陌生的、不可说的东西。

① Georges Bataille, 'La Part maudite', in Georges Bataille, *Oeuvres complètes* (Paris, 1970-1988), vol. vii, pp. 17-135, at pp. 70-9.

② Bataille, 'La valeur d'usage de D. A. F. de Sade', pp. 62-3. 本书中的英文引文是作者自译的，着重号是原著就有的。

茱莉亚·克莉斯蒂娃与卑贱物

茱莉亚·克莉斯蒂娃可能是目前尚在人世的最著名的肮脏理论家。1982年,她的*Pouvoirs de l'horreur*(译为*Powers of Horror*,即《恐怖的力量》)以英语出版,开创了一系列关于"卑贱研究"的理论著作的先河,并在艺术馆中掀起了一股"卑贱艺术"的新高潮。[①] 克莉斯蒂娃的作品可以追溯到涂尔干、弗洛伊德、巴塔耶和道格拉斯。她把弗洛伊德的奠基神话接手过来,将弑杀原初父亲作为乱伦禁忌和有组织社会的开端,但她也以母亲形象丰富了这个神话,母亲的形象存在于语言出现之前的原初时期(无论是历史上还是在每个人类个体的成长中)。[②] 克莉斯蒂娃在这里结合了弗洛伊德的总体观点,亦即人类对玷污的反应,必须要在人类作为理性存在者的身份是如何建立的这一背景下来看待。在这个过程中,人类必须让自己远离大自然,因为大自然的主要标志就是肮脏。不过,克莉斯蒂娃的总体态度似乎与弗洛伊德有所不同。和弗洛伊德不同,她认为我们的恐惧、恶心和卑贱的经验不仅威胁着我们对有意义现实的存在主义信心,她还认为这是一个开口,通向一个富有价值但难以言表的真理。

① Imogen Tyler, 'Against Abjection', *Feminist Theory*, x (2009), pp. 77-98, at pp. 78-9.

② Kristeva, *Powers of Horror*, pp. 56-63.

克莉斯蒂娃无疑对萨特的《恶心》很熟悉，但她理论的关键要素带有巴塔耶的印记，而非萨特的。在明确提到巴塔耶的“异质学”时，克莉斯蒂娃提到了“卑贱”。她认为这源于婴儿时期，想确立一个独立于母亲的身份的需要。孩子的个人成长，这是一个个性化的过程——在这个过程中，孩子学着把自己看成是一个独特的存在，一个面向许多对象的外部世界的主体——这必须从一条基本的分界线开始。孩子必须切断自己与母亲的联系，把自己看作是属于自身的主体。仪式性的清洁，作为对身体完整性的强化和重申，是一种拒绝再次被母亲所吞噬的表达——这个无所不包的母亲，也指大自然。[①]

克莉斯蒂娃把她对污秽的解释植根于这样一种观念：自我与非自我（或曰相异者）之间的关系。**对身体完整性的威胁**成了一个范例，肮脏被看作是一种临界现象：某些黏糊糊的东西挑战了人类身体的纯净性和独立存在。[②] 在这个节骨眼上，克莉斯蒂娃巧妙地使用法语词 propre，这个词可以翻译成“干净的”“合适的”和“自己的”。在腐烂、恶心和恐惧的图像中，她描述道，我如何在对垃圾的反应中，“在哭泣、呕吐的狂暴力量中我生下了自己”。[③] 主体的诞

---

① 例子见于 ibid，pp. 12-13，74，117。

② Christian Enzensberger 在 *Grösserer Versuch über den Schmutz*（Munich，1970）的第 31 页中提出了一个类似的观点，作者也在道格拉斯的基础上，区分了五种主要的污染类型：“排泄的、接触的、混合的、腐烂的和冗余的肮脏物（Schmutz der Aussonderung，Berührung，Vermischung，des Zerfalls und der Massenhaftigkeit）。”这些类型的污染问题威胁到个人的完整性，威胁到把自我理解为封闭的、不可触及的、统一的和界限明晰的。

③ Kristeva，*Powers of Horror*，p. 3.

生及其与母亲的界限，在我的反应中不断地重现。把自己确立为一个独立个体，我的这种能力是进行有意义的思考，也是逻辑和语言的必要条件，而卑贱物是我守护意义之可能性的方式。在这一语境下，母亲的身体代表着"一种古老的力量，就待在分离的近旁，无意识地引诱我们抛弃我们的差异、我们的言语、我们的生命；直到失语，腐烂，被谴责，死去"。[1]

当卑贱物被分配了一个基本的文化角色时，理论条件也被创造出来，用来揭露我们对卫生和 propre 的支持，卫生和 propre 通常被理解为对物理环境的一种健康和负责任的态度，被理解为建立在主体的首要需求——保护自己免于灭亡的威胁——基础上的东西。肮脏之物、垃圾、尸体和排泄物成了污秽的，因为它们被宣布为不是欲望的对象。

卑贱物在个人层面和社会层面都起着作用，它们利用卑贱物来巩固社会的边界。在受道格拉斯和弗洛伊德启发的解读中，克莉斯蒂娃对摩西律法进行了精神分析式的重新阐释。与弗洛伊德的分析一样，它的仪式性洁净法则源于乱伦禁忌——在最后的分析中，则试图控制着通往"母亲"。[2] 克莉斯蒂娃在此处依赖于扩展了的联想链条，在某种意义上是令人惊讶的。在另一种意义上，对于那

① Ibid. ,p. 107.

② 见 Ibid. ,p. 102。关于《利未记》13-14 章："对麻风病和腐朽身体的迷恋，将会是主体的自我重生的幻想，这个主体融合于他的母亲，但包含着一个贪婪的母亲。从幻象上看，他是拜伟大母亲教的坚定对立面——对她的虚构力量的一种消极而苛刻的认同。除了卫生效果外，这是一种幻想，这种幻想是对于缩减或消融的利未记式的憎恶。"

些了解这一理论传统的人来说完全在预料之中。[1] 然而，就当下的目标而言，我们想要评判克莉斯蒂娃的卑贱物理论，不应该根据其历史合理性，而应该根据这个理论在当代争论中起的作用。

如果卑贱物的范式是一个神话，那么应该根据它所具有的启发能力来评估这个概念。它是否让事情更清楚明白？它是否有利于被它驾驭的社会目标？社会学家伊莫金·泰勒（Imogen Tyler）指出，克莉斯蒂娃的书在英语学者和活动家中广受欢迎，被认为是女性主义的一种资源。[2] 然而，她反对妇女只以卑贱的母性身体的形式呈现于其中，而思想的主体却被描述为母亲的对立面。克莉斯蒂娃的书完全忽视了女性作为母亲的经历："事实上，克莉斯蒂娃式的卑贱有一个基本前提，即不存在也不可能存在母性这样的主题"——这样的话，《恐怖的力量》牺牲掉的就是繁殖，而不是挑战对女性繁殖的厌恶。[3] 克莉斯蒂娃谈到了主体对他者的恐惧，但她没有探究那些命中注定成为"他者"之人的主体性。

泰勒指出，克莉斯蒂娃针对另一场争论所撰写的文稿，尽管被频繁引用，但也存在同样的问题。这一场争论涉及民族认同、种族主义和仇外心理。《恐怖的力量》之后出版的作品中，克莉斯蒂娃着

---

① 因此，例如，当《申命记》22 章 6-7 节规定禁止猎人在抢劫鸟巢时，把母亲和幼崽或蛋一起带走，克莉斯蒂娃将这一点视为对乱伦恐惧的明显象征，而不是当作一种全然明智的预防措施，以防止滥杀动物（见 Kristeva，*Powers of Horror*，p. 105）。

② Tyler，'Against Abjection'，p. 79.

③ Ibid.，p. 81.

手处理了这些主题，但泰勒也在这里提出了一个极具破坏性的批评。[①] 根据克莉斯蒂娃的说法，仇外心理是起初对母亲的拒绝的又一种表现。异族人是卑贱的母性的替代品，对于民族国家的政治机构象征性地施加了威胁。克莉斯蒂娃的治疗方法是精神分析，她的最终目标是发展出一种对陌生人"世界主义式的好客"的政治。然而，在这些充满希望的开端之后，克莉斯蒂娃的态度来了个奇怪的大转变，她将世界主义等同于法兰西共和国[②]奉行的官方"普世主义"的"好"民族主义。而少数族群，尤其是戴着头巾的穆斯林妇女，则代表着对世界主义价值观的拒斥。[③] 因此，从对仇外心理的所谓批评开始，她最终谴责常见的可疑分子是共和国纯净的躯体内部的卑贱者和异类。

仇外者说："是我们对抗他们。经过多年的人道主义轰炸，那些忘恩负义的人仍然毫无改善。所有的阿拉伯人都应该去阿拉伯，犹太人应该去犹太地，印第安人应该去印第安纳。"人们用不着成为一位知名文献理论家，就能看出这有多愚蠢。问题是如何在情境中来看待仇外心理。泰勒指出，克莉斯蒂娃的理论的一个核心问题正是它对普遍性的渴望：精神分析应该是有效的，无论何时何地。因此，对陌生人的拒斥应当存在于人类的本性之中。与之相反，泰勒要求

① Julia Kristeva, *Strangers to Ourselves* (New York, 1991); Julia Kristeva, *Nations without Nationalism* (New York, 1993). 参考 Imogen Tyler, *Revolting Subjects: Social Abjection and Resistance in Neoliberal Britain* (London, 2013), pp. 29-35。

② Kristeva, *Nations without Nationalism*, pp. 32-3.

③ Tyler, *Revolting Subjects*, p. 31; ibid., pp. 36-47.

对社会排斥现象作出具体的解释，重点留意欧洲特定历史情境下的社会排斥，特别是欧洲的殖民主义历史和现在福利国家的解体。

神话的优点，你要说成是弱点也可以——也就是卑贱范式无法排除的——恰恰在于其普遍性，即多多少少能将其应用于一切事物的可能性。然而，普遍适用性造就了非常模糊的概念。巴塔耶和克莉斯蒂娃所处理的“异质性”，是“卑贱的”，是以恶心和恐惧为特征的。但最终，我得出这样的印象：这是对我们对待肮脏物和废弃物（以及对待异族和母亲）最常见态度的一个相当糟糕的描述——尽管如此，还是有很多提供了文献支撑的例子。在我看来，肮脏物和废弃物在大多数时候都不是简单地被拒绝，而是在文化体系中有相当明确的位置。例如，我们讨论它们并做与它们相关的工作；我们不仅仅是在完全不理解的情况下回避“卑贱的事物”。从某种意义上说，卑贱理论的提出，针对的是一个古老的柏拉图主义难题，即如何定义某种本应该不存在形式的事物的形式。如果肮脏仅仅是被拒绝，那么巴塔耶和克莉斯蒂娃怎么可能就此来写作呢？

伊曼努尔·康德、埃米尔·涂尔干和思维的范畴

对范畴进行去神秘化的理解，这个伟大的计划怎么样呢？它最终证明了思维的可能性取决于社会建立的秩序与排斥模式吗？

涂尔干认为他的理论是对康德理论的拒绝，但至少有一个层次的康德可能是他理所当然地赞同的，即我们的思维方式受文化和生

物学的影响。[1] 这只是因为这一点不是他的"批判"的主题，最重要的是，这不是他想要处理的问题。他的问题不是思维如何被影响，而是思维是什么。涂尔干认为空间、时间和范畴限制了思维；康德认为它们使思维成为可能，或者说，它们就是我们的思维。

涂尔干强调，对于社会凝聚力来说，每个人都应该"持有相同的时间、空间、因果、数量等概念"，这一点非常重要。[2] 这里的重点短语是"……的……概念"。就时间性而言，这意味着社会成员同意以某种方式，将时间划分为可测量的若干单位，以便协调行动。康德的观点更为根本，因为他认为，时间性是我们经验的一个组织原则，不管文化上具体的衡量时间的方法是怎么样的。在一个社会中，不同的对时间进行概念化的方法可能都是可以想象的，但是为了让个人理解时间分类，从一开始就必须假定"时间的概念"的时间性。涂尔干没有看到这两个问题的独立性，也没有看到根本问题，正如史蒂文·卢克斯(Steven Lukes)所指出的那样，"我们不能假定一种假设的情况，在这样的情况下，个体一般不会通过空间、时间、阶级、人、因果和逻辑规则来思考，因为这就是思考的定义。"[3]另一种表述康德立场的方式是，对于康德来说，必要性(necessity)是范畴之一，因此，问这些范畴本身是否必要是没有意义的——若非如此，就只能问出诸如"为什么必要性是必要的"或者"为什么逻辑是符合逻

① 关于这一点，例子可以参考康德，'Mutmasslicher Anfang der Menschengeschichte'。

② Durkheim, *The Elementary Forms of the Religious Life*, p. 17.

③ Steven Lukes, *Émile Durkheim: His Life and Works* (Harmondsworth, 1973), p. 447. See also pp. 7, 435-47.

辑的"之类的鬼扯问题来。这不是在说康德是不能批评的。但是，将直觉的范畴和形式进行去神秘化的理解，如果作为对康德的回应，就不是一个说得通的方案。

有人可能会提出，评估卑贱神话的优点，不应该是根据理论上的条理性，而是根据它启发社会批评和解放行动的能力。这里有一个问题是，这些潜力在多大程度上被20世纪早期种族主义和父权主义话语中的不干净背景所削弱。卑贱的范式是摆脱了这些话语，还是再次制造了它们？像移民和怀孕的母亲这样的社会弱势群体可能不喜欢被单拎出来称为"卑贱的"。而且，被拿来与儿童和神经官能症患者进行比较，南方国家的民众不可能会高兴得蹦蹦跳跳。

第七章　文明的进程

诺贝特·埃利亚斯与文明的进程

跟一百年、三百年、一千年前相比，我们现在不那么脏了吗？如果是这样的话，是因为我们现在家里有热水龙头，而那时我们没有？还是现代社会对肮脏的容忍度普遍较低？如果这是真的，那对我们整个文化有什么影响？

答案部分地取决于“我们”应该是谁，在哪里，以及在一天和一周中的哪个时间点。三百年前，如果仅仅因为户外工作和室内工作之间仍然存在着的普遍差异，那么，一个欧洲的佃农，在一个工作日的中间，他身上的汗味会比今天的一个会计闻起来味道更大。同样，那些用得上卫生间和淋浴的人，和那些(例如，在传统的农业社会)必须在共用厨房一生活区凑合着使用一桶水的人，我们会期待这两类人有着不同的平均个人卫生水平。世界上工业化地区的经济、住房和生活水平的总体变化表明，"我们"整体而言，至少在一天中的大多数时间里，比三百年前的大多数人都要干净——然而，也要考虑地理位置和社会阶层的不同。[①] 有理由认为，西方社会对肮脏和不良卫生的普遍容忍度，平均来看，从前要高于今天，因为必须假定公认的标准与被接受的现实有某种合理的关系；但对于理想本身是否发生了变化，这些还给不出任何裁断。换言之：假设过去的人们有时被迫忍受比我们现在更多的肮脏，是否就有理由这样认为，他们不把污秽当作污秽，不把恶臭当作恶臭？

为了回答这个问题，今天的一些学者会争辩说，现代对肮脏的限制态度是最近发展起来的，他们会援引诺贝特·埃利亚斯和他的

① 各地的差异可能远远不是我们预期的那样。例如，与欧洲中心区域相比，芬兰位于边陲，经济不发达，但也许由于燃料和清洁水的充足供应，每天洗澡在那里是一种普遍现象(早些时候在斯堪的纳维亚其他地区也是如此)。此外，较少被欧洲现代性触及的人群，尤其会这么做。因此，当一个人从该国的西南部向东北部迁徙时，洗澡的频率往往会增加。见 P. Hakamies, 'Karelische Sauna', *Rehabilitácia*, xvi (1982), Supplement 26-7, pp. 17-20, at p. 18; Esko Aaltonen, 'On the Sociology of the Sauna of the Finnish Countryside', *Transactions of the Westermarck Society*, ii (1953), pp. 158-70, at p. 161："人们每个工作日都会洗澡，就像在 1000 年前后的俄罗斯那样。在芬兰，每天洗澡显然是一种古老的习俗，尽管在 18 世纪文献中才首次被提到。从 1775 年开始，一份来自萨塔昆塔(Satakunta，位于芬兰西南部)的教区历史记载表明，每天洗澡被认为对于老年人和儿童是个坏习惯。"

著作《文明的进程》来证实这一点。[①] 在这两大卷书中，埃利亚斯描述了西方文明的发展——现代人的诞生——是一个不断加强自我约束的过程，其核心部分在于提升个人卫生标准。我们被告知，随着现代化的发展，社会控制个人的主要手段从外部压力转向了内部压力。[②] 根据埃利亚斯的说法，向早期现代男女灌输这种新的自律形式的主要方法是唤起他们强烈的羞耻感和厌恶感。大约从宗教改革时期开始，人们不仅认为人体的自然机能——新陈代谢、性、疾病和死亡——必须被隐藏起来，只有相关的人士方能见到；[③]而且，创造了一个私人领域，其边界将保护个人，防止身体上的亲密接触。[④]

如果埃利亚斯把现代人（宣称的）对肮脏的容忍度，解释为一种本能的和被社会灌输的企图，想要把周遭的世界隔绝在外，那么中世纪的人们显然与此相反。洛伦茨·莱特肯斯（Lorentz Lyttkens）对埃利亚斯的观点进行了详尽的阐释，他认为中世纪的人"不是孤立的存在"，但他们的特征在于"与其他人的'混杂'，与被造物、恶魔、环境中温驯和野性的兽类的'混杂'"。[⑤] 因此，"人们往往不清

① Norbert Elias, *The Civilizing Process*, vol. i: *The History of Manners*, trans. Edmund Jephcott (Oxford, 1978); Norbert Elias, *The Civilizing Process*, vol. ii: *State Formation and Civilization*, trans. Edmund Jephcott with some notes and revisions by the author (Oxford, 1982).

② Elias, *The Civilizing Process*, vol. i, pp. 189-191; vol. ii, p. 241.

③ Lorenz Lyttkens, *Den disciplinerade människan* (Stockholm, 1989), pp. 55-85.

④ Elias, *The Civilizing Process*, vol. i, pp. 69-70.

⑤ Lyttkens, *Den disciplinerade människan*, p. 59. 本书作者自译。

楚哪里是人的尽头，哪里是环境的开端。”[①]这在餐桌上可以清楚地看到，用手指吃饭是很自然的，因为“饭菜和人之间没有明确的界限”。[②] 从这个意义上讲，中世纪的人就像孩子一样，他们的世界观是未分化的、巫术的。[③] 这一点与弗洛伊德观点的相似之处是毋庸置疑的。正如人类个体的成熟是整个物种发展的重演一样，现代西方文明的历史也包含了一种自律的增强，正是自律标志着成人与儿童的区别。[④]

这种关于文明进程的观点是现代性理论的一种版本，自从现代性发明了理论以来，就有这样的现代性理论存在。大卫·休谟相信行为方式会慢慢变得软化和优雅。卢梭还认为，这种变化已然发生，只不过他还加上一句，这是一种由扭曲的社会条件带来的堕落形式。埃利亚斯之前的另一个重要先驱是他的社会学家朋友马克斯·韦伯(Max Weber)，以及他关于资本主义下西方社会持续理性化的理论。埃利亚斯有一个有趣的特点，他关注日常生活中看似平淡无奇的细节，认为这是心理普遍变化的标志，他将这些细节与社会结构变化联系起来的能力，以及他融入(最初来自弗洛伊德)的无意识概念，在这些方面，他独立并领先于时代，提出了类似于法国年鉴学派的研究方法。[⑤]

---

① Ibid.，p. 60，本书作者自译。

② Ibid.，p. 63，本书作者自译。

③ Ibid.，pp. 48-51，本书作者自译。

④ Elias，*The Civilizing Process*，vol. i，pp. 200-201.

⑤ Gerd Schwerhoff，'Zivilisationsprozess und Geschichtswissenschaft：Norbert Elias' Forschungsparadigma in historischer Sicht'，*Historische Zeitschrift*，cclxvi (1998)，pp. 561-605，at pp. 570-571.

埃利亚斯在1939年出版了他的书。在1969年出了新版，并在20世纪70年代末和80年代初从最初的德语翻译成了若干种语言之后，这本书的主要学术影响才开始展现。文明和理性进程的思想成为行为方式史论著的标准模式——这到了什么程度呢？根据一位评论家的说法，埃利亚斯经常在不相关的著作的导论部分被引用，主要是为了有更高的修辞格调，就像引用古典诗人或"科学马克思主义"奠基人一样不可或缺。①

文化遗产产业欣然接受了文明是一个进程的理念，但完全只出于对一种事物的兴趣，那就是其中暗含的作为鲜明对比的黑暗时代。重新展现一种消失的生活样式可能并不容易，但是可以从中赚到很多钱，特别是从展现古老生活样式的激动人心那一面。文明进程的理论在我的家乡依然存在，并且大有市场，就在离我卧室窗户只有一步之遥的地方。不管你怎么想，一年一度的中世纪集市的工作人员既不是受到了精神触动，也不是喝醉了；他们只是在表演西方文明过程的宏大叙事。正如小册子告诉我们的，"中世纪的人就生活在此地、在此刻"——"每当出现宴饮和嬉戏，这都是真实状况"——"在中世纪，任何事情都有可能发生。这种经历描述起来很难"。②

---

① Ibid.，p. 563.

② *Keskiajan Turku-Det medeltida Åbo-Medieval Turku*，Tourist brochure (Turku，2001). 并没有文献记载中世纪Åbo/Turku的居民是如何的喧闹和冲动。不过，文化历史学家Hannu Laaksonen曾向当地报纸指出，在1640年的大学就职典礼上，据记载，当地居民安静地观看着庄严的游行队伍。Katja Kuokkanen，'Meuhkasiko markkinaväki keskiajalla?'，*Turkulainen*，24 July 2002.

这本小册子也许很容易引用埃利亚斯的著作来获取学术支持，因为在他看来，中世纪的人生活在一个“摇摆于两个极端之间”的世界里。[①] 男人沉溺于过分享乐，沉溺于对女人的欲望，沉溺于仇恨和恐惧之中；[②]与现代男人相比，他们“早就准备好并且习惯于持续高强度地从一个极端跳到另一个极端，而微弱的印象、控制不了的联想又常常出现，从而引起这些巨大的起伏不定”。[③]

这是一幅总体图景的一部分，中世纪到现代早期，人们与自己的污秽和恶臭有着自然而简单的关系，而不把自然的职能与任何羞耻感联系在一起——这就解释了为什么在埃利亚斯看来，没有专门为这一目的而留出的空间。中世纪的人可以在街上、谈话中或吃饭时让自己放松。瑞典历史学家彼得·英格朗(Peter Englund)有一本通俗易读的文集，其中有一章是关于“恶臭和污秽”的。[④] 英格朗重述了一个关于法王路易十四的故事，他“从不羞于排空自己的肠胃，坐在马桶上，皇室成员围挤在他身边，就像一群训练有素的法国贵宾犬”，还描述了安妮·博林(Anne Boleyn)“在加冕宴上需要大

① Elias, *The Civilizing Process*, vol. ii, p. 236. See also vol. i, p. 201. “无论何时打开这一时期的文献，人们都会发现相同的东西：有这样一种生活，在这种生活中，情感结构与我们自己的不同，其生存没有安全感，极少有对未来的思考。在这个社会里，无论谁不爱或恨到极致，无论谁在激情的游戏中不能站稳脚跟，都会进修道院去。”

② Elias, *The Civilizing Process*, vol. ii, pp. 236-237.

③ Ibid., p. 238.

④ Peter Englund, *Förflutenhetens landskap* (Stockholm, 1991). 德语版为 Peter Englund, *Die Marx-Brothers in Petrograd. Reisen in die Landschaft der Vergangenheit* (Berlin, 1993)。

便时，她没离开桌子，而只是用一条亚麻床单遮住自己”。[①]

根据埃利亚斯的说法，欧洲观念模式在17和18世纪发生了一次决定性的转变，涉及理想典范的转变，从文雅（courtoisie）转变为文明（civilité）。他最重要的资料来源是关于礼貌行为的指导手册，这表明行为规范的标准正在逐步提高。用手帕而不是手或袖子擤鼻子已成了必须要遵守的规范。用手吃饭，当着别人的面撒尿和放屁，现下都是被禁止的。最重要的是，人们开始认为人体的自然机能是可耻的，必须在不被别人注意到的情况下排泄。这种逐步的变化一开始出现在宫廷社会，从那里开始，礼貌的行为举止像水面上的波纹一样“向下”、向外传播。礼貌行为的绝对中心位于凡尔赛，也就是说，在法国，这个日趋行政集权的王国比欧洲其他地方更早繁荣起来。在封建社会，“没有足够强大的中央权力来迫使人们克制”。[②] 如今，随着总体上社会分工的不断扩大，社会相互依赖的链条不断变长，社会的每一部分都与其他部分联系在一起。中央集权国家的崛起，以及国家对合法使用武力的垄断，是一个决定性的因素，因为贵族阶层原本是一个相对独立的武士阶级，有权拥有私人

① Englund, *Förflutenhetens landskap*, p. 210. 英格朗大体上参考了 Gunnar Tilander, *Stång i vägg och hemlighus. Kulturhistoriska glimtar från mänsklighetens bakgårdar* (Stockholm, 1968)。在这本书中，Tilander 重现了 Louis(p. 95)和 Anne(p. 45)的故事，而没有提到他的资料来源。Hans Peter Duerr 告诉我们，这位国王的儿子，勃艮第公爵，有时会坐在他的大便凳上与家人交谈——然而，这被当作奇闻而记录下来，而在场的人也会不好意思地背过身去。Duerr 参考了一封 Princess Palatine Elisabeth Charlotte (Liselotte) 写于1716年5月5日的信。Hans Peter Duerr, *Nacktheit und Scham. Der Mythos vom Zivilisationsprozess*, Band i (Frankfurt a. M., 1988), p. 221.

② Elias, *The Civilizing Process*, vol. i, p. 201.

城堡，现在已沦为忠诚的朝臣和行政人员阶层。一个贵族的个人职业生涯不再依赖于他的军事能力，而是依靠在宫廷中扮演一个良好形象。

那些注定要成功的人必须从一开始就得学习自律。对冲动的强力控制是必要的，这在现代社会依然如此；直到今天，它已经成为一种我们几乎注意不到的压力，因为它是规范教育中显而易见的一部分。[①] 然而，这是有代价的。我们背负着"一个特定的'超我'，它试图控制、改变或压抑（我们的）情感以符合社会结构"，让每个个体内心出现破坏性的心理冲突。[②] 让我们再次引用埃利亚斯的论述。

> 但是基本欲求和狂热的情感不再直接表现在人与人之间的关系中，经常在个人内心激烈地抗争着自己身上负责监督的部分。而这种进行半自主抗争的人并不总能找到一个愉快的解决办法……纵向上的起落，如果我们可以这样描述的话，从恐惧到快乐的跳跃，从快乐到悔恨的跳跃都会减少，而贯穿整个人生的横向裂缝，"超我"和"无意识"之间的紧张关系——被遗忘的期待和欲望——会增加。[③]

埃利亚斯显然认同弗洛伊德对文明及其不满的疑虑，但与弗洛伊德不同的是，他把自我和超我的互相作用方式描述成一个特定历

① Ibid., vol. ii, p. 241.

② Ibid., p. 242.

③ Ibid.

史时期——欧洲现代性——的特征，其得以存在是现代人加强自我控制的需要。

现代时期的屎的历史

现代的特点是不断加强的规训，这一总体叙事已被其他人所接受，尽管他们未曾受到埃利亚斯的影响。因此，对于米歇尔·福柯(Michel Foucault)来说，从16世纪开始的欧洲文化发展(这同一时期也是埃利亚斯的兴趣所在)，首先是加强压抑和控制机制，后来却让位给自我监控，每个人现如今都成了自己的思想警察。

规训是现代主体性的关键。在多米尼克·拉波特(Dominique Laporte)的《屎的历史(序言)》①一书中，这一观念被认为是现代卫生的起源，这本书被翻译成英语就是 *History of Shit*。② 书出版于1978年，主要关注的是1500—1800年的那个"古典时期"，这也是福柯在20世纪60年代和70年代关于疯人院、监狱和性的谱系学研究所涉及的范围。《屎的历史(序言)》名义上的研究主题是(主要是法国)城市的垃圾管理，但拉波特描绘了一幅更为广阔的画面，社会

---

① 这本书的法语原文标题中就有"序言"的字样，即 *Histoire de la merde (prologue)*。中译本参考周莽译《屎的历史》(商务印书馆2006年版和2016年版)。——译者注

② Dominique Laporte, *History of Shit*, trans. Nadia Benabid and Rodolphe el-Khoury, with an introduction by Rodolphe el-Khoury (Cambridge, MA, 2000).

作为一个整体,如何进行系统化的流程精简和组织努力。这本书最初是拉波特对法语历史研究的副产品——或者,正如他的遗著编辑所说,"是可回收的垃圾"。[①] 从16世纪开始,法国学者和官员系统地努力创造一种标准化的语言,以满足法国这个中央集权国家的需要。正如国王的语言和他的王国将要被清除不合规的部分和外来的元素,国王的首都的公共空间也是一样。

我们可以说,16世纪的垃圾政治,如果可以理解为一个缓慢的压制过程——这种政治只有在资本主义的黄金时代才能达成目标,而这在社会主义中被加速,因为社会主义把人化约为一种需求。[②]

城市和语言中都存在着屎,因此,"文明对屎的矛盾心理"在这两个领域仍然表现出来:"一方面,有意愿去清洗那些垃圾聚集的地方(即在城市和语言);另一方面,用一种信仰来净化垃圾的价值——只要它属于人类。"[③]问题的关键在于,屎——包括最广泛意义上的肮脏物和垃圾——早在现代早期就已经不再简单地被视为一个实际的卫生问题,因为"卫生的真正需求远离其所谓的目标"。[④] 通过更有效地控制公民的私生活,净化努力的真正目的就在于此类控制本身。16世纪引入了私密的户外厕所以及与卧室分

① Ibid., p. ix.
② Ibid., p. 37.
③ Ibid.
④ Ibid., p. 48.

离的卫生间，为 19 世纪资本主义社会的资产阶级家庭和资产阶级公共空间的情感控制特征的形式铺平了道路。

（弗洛伊德式的）“金钱和屎的象征性相似之处”贯穿了拉波特的书，就像一条阿里阿德涅之线（redthread）[①]。[②] 当垃圾的公共管理把“不洁的”粪便转化为“洁净的”肥料时，就有了利润。同样，国家提供了一些方法，通过这些方法，个人资本家可以洗净他那肮脏的金钱，从而按照“维斯帕西安公理（Vespasian's axiom）”——*Pecunia non olet*，“金钱不是臭的”——进入社会精英阶层。[③]

总体而言，从学术争论中得到的信息似乎是这样的：对身体机能的羞耻感既不是生物学上给定的，也不是人类社会的普遍特征，而是现代早期的男女被迫接受的。现代主体性的诞生正是这些规训努力的结果。

文献是如何记载的？

然而，仔细审查之后，这一宏大叙事与证据并不完全吻合。对西欧个人卫生发展的实证研究表明，西欧个人卫生发展状态呈“U”形曲线，而不是线性上升。16 世纪和 17 世纪经历了恶化，直到 18

① 在古希腊神话中，忒修斯靠着阿里阿德涅（Ariadne）给的一团线，进入迷宫铲除了那个牛头人身的怪物（米诺陶洛斯）。这团线在英语中有时也被称为 redthread。——译者注

② Ibid.，p. 33；see also pp. 76-88.

③ Ibid.，p. 78.

世纪末才逐渐变好。[①] 现代早期卫生标准下降的主要原因有两个：城市密度的增加，以及由这一趋势所部分导致的一个结果，就是1550年至1750年间用水减少。由于快速发展和工业化进程中的城市基础设施不足，水的质量和供应普遍受到影响。[②] 话虽如此，经验材料有局限性。普通人的生活通常没有被很好地记录下来，特别是涉及清洁的一些细节时，会存在一些带有倾向性的描述的可能性。

当我们比较两种关于所谓的前现代或不完全的现代卫生的描述时，意识形态的影响是显而易见的。这两种描述都是从1938年开始的。瑞典记者路德维格·诺德斯特姆(Ludvig Nordström)撰文参与他那个时代关于卫生改革的争论，他的这篇报道仍被广泛地引用。正如标题*Lort-Sverige*(《污秽的瑞典》)所指出的，诺德斯特姆的报道谴责传统的农村住宅不健康、污秽及有异味。[③] 同一年，民族学家古斯塔·维尔库纳(Kustaa Vilkuna)发表了一份关于芬兰西南部农民生活环境的研究报告，主要记录了小而独立的农民庄园的生活状态。这两个地区地理位置相近，民间文化在很大程度上难以区分。然而，与诺德斯特姆形成鲜明对比的是，维尔库纳强调了那些家庭的生活环境的洁净，有时候他会亲自拜访这些家庭以获取

---

① Katherine Ashenburg, *The Dirt on Clean: An Unsanitized History* (New York,2007); Englund, *Förflutenhetens landskap*, pp. 207,209-211.

② 关于用水情况，参见 Ashenburg, *Dirt on Clean*, pp. 97-159。关于城市人口的增长及其不便，参见 Emily Cockayne, *Hubbub: Filth, Noise and Stench in England*, 1600-1770 (New Haven, CT, and London, 2007)。

③ 参见 Ludvig Nordström, 'Ur "Lort-Sverige"', *Res Publica*, lvii (2002), pp. 37-41。

文献资料。[1] 显然，这两位作者讨论的是不同的议题。诺德斯特姆希望为社会改革贡献力量，而维尔库纳可能因为认同传统民族志对本土主义和民族建构的看法，从而受到影响。

我们可以预期，随着历史距离的增加，意识形态的危险会逐步增长。想想这一根深蒂固的看法就明白了：中世纪的城市浸泡在污秽和恶臭之中。现代作家喜欢不断重复那些可以确切证明这一点的描述；然而，艺术史学家约翰·康拉德·埃伯莱茵(Johann Konrad Eberlein)指出，记录这种概念的文档，其来源几乎都不过是城市指南一类的资料而已。[2] 根据汉斯·彼得·杜尔(Hans Peter Duerr)的说法，在现代城市快速发展之前，城市和城镇的气味可能不会比普通农舍的气味更扰民。[3] 这说法有道理，因为中世纪或早期现代城市产生的人类粪便量与动物粪便相比，就小巫见大巫了——一百头奶牛或两百匹马产生的粪便量与一个拥有四千至五

① 我们被告知，在传统的农民家庭中，每周六都要清洗桌子、椅子和长凳，每顿饭后都要把餐桌擦干净，而地板每天至少要清扫一次。每年至少进行两到三次大扫除(但在卧室更频繁)，那时窗户会被清理，天花板上的灰尘和蜘蛛网会被清除，地板会被人们用肥皂水擦洗干净。Kustaa Vilkuna, *Varsinais-Suomen kansanrakennukset. Varsinais-Suomen historia*, vol. ii/1 (Porvoo, 1938), p. 21. 维尔库纳的描述遵循 1889 年 Taivassalo 教区的 J. F. Huukanen 的说法。

② Johann Konrad Eberlein, 'Abschweifungen: Der Mensch, sein Abfall und die Kunst', in *Abfallmoderne. Zu den Schmutzrändern der Kultur*, ed. Anselm Wagner (Vienna, 2011), pp. 9-15, at p. 11.

③ Duerr, *Nacktheit und Scham*, p. 241.

千居民的城镇大致相同——因此人类粪便的气味几乎不会太显著。[1] 此外,室外厕所通常位于粪堆旁边,这样人类和动物粪便就可以自然地混合在一起。另一方面,中世纪城市环境中还缺少一样东西,那就是汽车不断地从街道上驶过扬起的尘土。[2]

如果我们试图了解过去若干年的卫生标准,我们需要批判性的历史研究方法。我们必须考虑到这些谴责性描述的上下文:它们由谁制造,在什么情况下制造,为谁而制造。如果某一个环境被描述成污秽的,严格地说,我们只知道作者这么认为,或者出于某种原因希望别人这么认为,或者希望别人认为他这样认为。埃利亚斯没有停下来反思这一点,这就是为什么他在使用资料来源时有着某种无心的反讽。例如,他引用了鹿特丹的伊拉斯谟的《对话集》(*Colloquia familiaria*)。伊拉斯谟这本书中有一篇虚构的对话,德国旅馆的糟糕状况与法国里昂所提供的干净、廉价和友善的服务形成了对比。埃利亚斯抓住这种反对德国生活条件的争议性看法,认为这是对当时旅行者的一般住房标准的一种忠实描述(他告诉我们,伊拉斯谟"被这个主题本身强迫,不得不紧贴社会现实","他发现社会现实存在于社会生活本身之中")。[3] 历史学家格德·施沃霍夫(Gerd Schwerhoff)指出,如果埃利亚斯选择把注意力放在同一对话中伊拉斯谟对里昂旅馆的描述上,那么他很容易就从一种非常"现

---

① Henry Nygård, *Bara ett ringa obehag? Avfall och renhållning i de finländska städernas profylaktiska strategier* 1830-1930 (Åbo, 2004), pp. 110-11.

② Ibid., p. 301.

③ Elias, *The Civilizing Process*, vol. i, p. 72.

代”的角度来呈现16世纪。此外，对话本身也表明伊拉斯谟对卫生并非漠不关心，他希望他的读者能分享他的意见。① 早期的观察者真的被低水平的清洁程度震惊到了，同样地，我们也知道了他们的总体期望值更高。所有这些都没有表明，现代早期的欧洲人没有因不好的卫生标准而困扰。②

类似的观点也适用于中世纪和现代早期的男女，据说他们有着冲动和好争吵的性格。③ 例如，17世纪的法庭记录证明存在着关于象征地位的暴力冲突，比如在教堂就座，一个市民拒绝把他的椅子让给别人。他们怎么能为这些琐事发火呢？在这里，我们也必须考虑这些事件被记录下来的背景。显然，这些事件之所以成为法庭案件，完全是因为不礼貌和争吵的行径不是常态——因此，这些冲突不是关于琐事的。社会地位对于一个想保持好名声的市民来说并非不重要。教堂的座位分配在一定程度上与此相关，而从过去的视角来看，现代人可能会被指责为淡漠，因为我们似乎根本不会去想自己该坐在哪里。

对原始资料使用的批判性反思在整部《文明的进程》中是缺失的，这给了专业史学家理由去批评。而这场争论中最为直言不讳的批评来自民族学家汉斯·彼得·杜尔和他的 *Der Mythos vom Zivilisations prozess*（《文明进程的神话》）一书。在这部卷帙浩繁的

① Schwerhoff, 'Zivilisationsprozess und Geschichtswissenschaft', p. 576.

② Duerr, *Nacktheit und Scham*, pp. 216, 241.

③ Elias, *The Civilizing Process*, vol. i, pp. 199-201, cf. Schwerhoff, 'Zivilisationsprozess und Geschichtswissenschaft', p. 577.

著作中，杜尔广泛使用了埃利亚斯所引用的材料，有时也包括完全相同的原始资料，但他的结论恰恰相反。他主要驳斥了这样一个观点，即只有随着现代性的发端，人体机能才开始被认为是令人尴尬的。举例来说，这种尴尬在所谓的原始人或前现代人中已经深度发展了。① 事实上，杜尔认为这是一种普遍的人类特性："对暴露生殖器区域感到羞耻，这个圣经神话在历史上并非偶然，而是属于人类的本质，这种说法可能不假。"②虽然对普遍性的宣称可能过于简单，③但杜尔确实证明了，把人类身体机能及裸露与羞耻关联起来，不仅仅是近世欧洲的一项发明，它的存在并不归功于中央集权国家的崛起。

其中一个例子是，在欧洲中世纪，当着其他人的面排泄大便，这——请原谅我不同意埃利亚斯——可能绝非是一件正常之事。④不仅存在着僻静的方便之所，而且在语言上，这些地方被冠以各种委婉的说法，诸如"私所(privie)""衣柜(wardrobe)""必要之所(necessary house)"，或者简单地说，一个"*qui n'est pas honneste a nommer*(羞于启齿)"的地方。⑤ 从文艺复兴直到18世纪，精英们更喜欢便携式的马桶，它可以在温暖的房间里舒适地使用，然后被仆人

① Duerr, *Nacktheit und Scham*, pp. 227-41；关于欧洲文化中的在外面裸露，见 pp. 135-49。

② Ibid., p. 335.

③ 杜尔的例子还展示了大量跨越文化、环境、性别和年龄段的东西，而他从欧洲以外地区摘选的材料看起来不成体系。参考 Schwerhoff, 'Zivilisationsprozess und Geschichtswissenschaft', p. 565.

④ Duerr, *Nacktheit und Scham*, p. 211.

⑤ Ibid., pp. 211-12.

清空，但羞耻感又开始发生作用了：一系列委婉的说法被发明出来指代这件家具，例如，它被伪装成一个大箱子或一堆书，以免使来客难堪。① 伊拉斯谟在他著名的儿童礼仪指南《儿童礼仪》(*De civilitate*，1530)中建议读者，如果不得不提到一些可能会使听者恶心的事情，比如呕吐、厕所或粪便时，要提前告声烦扰。② 杜尔总结道："换句话说，当我们看见诺贝特·埃利亚斯写道，伊拉斯谟时代的人仍然可以很自然地谈论那些如今隐匿在沉默之墙后面的事情，至少在这一点上，他夸大了实情。"③

那么，杜尔问，关于那些经常被引用的描述，身居高位的法国贵族坐在马桶上接待客人，怎么看待这件事呢？杜尔认为，这种社会运作的形式，在英语中被称为"法国礼仪"，不是中世纪礼仪的陈旧残余，而是一种特别的法国现象，在 17 世纪和 18 世纪早期发展起来，是一种炫耀自己高高在上的方式，并且意指客人没有得到特别尊重。④ 引用这类例子，把它们当作是普遍的行为自由的例子，是具有误导性的；如果闭口不提那些受众认为这种自由是不寻常的和

① Ibid.，p. 22；亦见于 Tilander，*Stång i vägg och hemlighus*，pp. 96-8。

② "如果你的情况要求你说出某个不光彩成员的名字，你必须用一些谦逊的伪装来表示。再者，如果有什么引起心理不适的东西，诸如有人要说到呕吐、茅厕或吐痰，他必须祈祷可别污了(别人的)耳朵。"In Desiderius Erasmus，*The Ciuilitie of Childehode*，trans. Thomas Paynell (London，1560)，n. p. 参考：'Si res exigat，vt aliquod membrum pudendum nominetur，circumitione verecû da rem notet. Rursus si quid inciderit，quod auditori nauseam cierepossit，velut si quis narret vomitum，aut latrinam，aut oletum，praefetur honorem auribus.' In Desiderius Erasmus，*De civilitate morum puerilium* (Lugduni，1536)，fol. 12v。

③ Duerr，*Nacktheit und Scham*，p. 224.

④ Ibid.，pp. 221-2.

侮辱性的，那就更误导人了。[①] 因此，如果安妮·博林能够允许自己在加冕宴会上坐在便壶(藏于帘子后面，不为人所见)上，这传达的信息并不是说宴会上的其他人可以获得(乃至想要)这类自由。

这些社会上的或半公开的事件是一方面；另一方面是，法国国王确实没有私人生活，因为他总是有一位侍从或仆人跟在他身边。丹麦的克里斯蒂安七世在 1768 年到访时，要求与路易十五进行私人访谈，他被礼貌但坚定地拒绝了，原因有两个：国王这一生中的每一分钟内都不是独处的，“即使是在便所(garderobe)也不例外”；第二，国王不能请出那些因位阶和特权而有权利待在他房间里的人。[②] 这个说法表明，虽然国王不享有任何形式的隐私，但这并不是由于对社交形式抱有任何的无所谓态度。相反，它表示这是一种正式的或仪式性的环境，根本容不下那种冲动的行为，尽管埃利亚斯会把这种冲动的行为与中世纪、早期现代性联系起来。

① 杜尔讲述(ibid.，p. 221)路易十四的一位堂表亲，旺多姆公爵(Duc de Vendôme)如何坐在大便凳上接待了帕尔玛公爵(Duke of Parma)的一位特使。当旺多姆公爵站起来，在这位特使(同时也是帕尔玛的主教)面前擦了擦屁股，他的客人就更加惊讶了。主教立即中断谈判，离开，并发誓再也不回来了。杜尔援引了 Alfred Franklin，*La civilité*，vol. ii (Paris，1908)，p. 34。最流行的叙述来自 Tilander，*Stång i vägg och hemlighus*，pp. 95-6。书里的这些段落重述了这一事件，但作者(独独)对客人的反应不置一词，从而传达了一种误导性的印象，即公爵的行为没有任何问题。

② Ulrik Langen，*Den afmagtige-en biografi om Christian* 7 (Copenhagen，2008)，p. 272，my translation.

第八章　自律的模糊性与文明的运动

自律的观念

从文艺复兴时期发端开始，现代性就常常表现为日常生活中的自律的增强。然而，汉斯·彼得·杜尔在他的书中做了一些评述，证明了这个观念的模糊性。他主张，在中世纪，在公开场合小便是不可接受的，就像在我们自己的时代一样，而在整个人类文化中也大体如此，[①]尽管这一点在实践中经常被忽视，至少对男性来说是

---

① Hans Peter Duerr, *Nacktheit und Scham. Der Mythos vom Zivilisationsprozess*, Band i (Frankfurt a. M., 1988), pp. 227-33.

这样。在这些情况下，默认的规则是路过的人表现得好像什么都没看见。[①] 然而，这就有了自律问题带来的独特转折，即谁现在是不守规矩的人？撒尿的人还是看的人？杜尔把他的书中的一章命名为"冒失的注视"，他认为缺乏自我约束并不一定是由那些（部分地）裸露生殖器官的人表现出来的，而是由那些（例如，欧洲的人类学家）无法将目光从他们身上移开的人表现出来的。[②] 他对日本传统沐浴习俗这个主题评论如下：

> 男女裸体在一起洗澡这件事绝不表明——不像埃利亚斯所相信的那样——在此情况下，他们感觉到的羞耻比穿衣服的浴客要弱。相反，混浴似乎需要更高程度的"弃绝欲望"。因为一方面，一个人要永远保持警惕，以防止自己的眼睛四处张望；另一方面，尤其对女性来说，要时刻意识到其他人看得到或者甚至正盯着你的最私密部位。其结果是一种充满限制的气氛，而不是一个又一个的西方观察家们自认为他们感觉到的那种轻松气氛。[③]

芬兰桑拿浴室的男女混浴可以用类似的观点来看待。[④] 很早以前，从中欧去芬兰北部旅行的人就对男人、女人和孩子赤身裸体坐在一起的想法感到兴奋，把它当作一个展示给他们的对待身体的

---

① Ibid.，pp. 224-5.
② Ibid.，Ch. 8 (pp. 135-49).
③ Ibid.，p. 135，my translation.
④ Ibid.，p. 133.

前现代"自然"态度的异域案例。① 另一方面，芬兰的改革者谴责混浴是无耻的和野蛮的。② 无论如何，相比于更常见的男女分开洗澡，混浴是更有趣的故事，更值得带回家乡讲述。③ 意大利旅行家朱塞佩·阿齐尔比(Giuseppe Acerbi)在1802年报道说，男女会并肩坐在浴室里，"不受任何爱慕之情的哪怕一丁点影响"。他又补充了一个重要的细节。

然而，如果一个陌生人打开门，出其不意地来到沐浴者面前，女人们一点也不会因他的样子而吓一跳；因为除了他本人之外，他还打开了门，大量的光和他一起进来，立刻就可以看到她们的环境和样貌……用这种方式吓一吓沐浴者，我常常以此给自己找点乐子。④

① Helena Hänninen, *Puhtauden yhteiskunnallis-sosiaalisia ulottuvuuksia. Henkilökohtainen siisteys ja puhtaudenpito Keski-Suomessa noin* 1890-1930. MA dissertation, University of Jyväskylä (1985), p. 73. 关于18世纪俄罗斯裸浴的异国情调，见 Duerr, *Nacktheit und Scham*, pp. 129-31。

② Hänninen, *Puhtauden yhteiskunnallis-sosiaalisia ulottuvuuksia*, p. 72.

③ 关于混浴，见 Esko Aaltonen, 'On the Sociology of the Sauna of the Finnish Countryside', *Transactions of the Westermarck Society*, ii (1953), pp. 158-70; P. Leimu, 'Sauna as a Socializing Instrument', Rehabilitácia, xvi, Supplement 26-7 (1982), pp. 12-4, at p. 12。Leimu 同时指出："然而，很明显，不同性别的人并不以任何组合在一起沐浴，例如，年轻的已婚妇女和男性从未一起沐浴过。"

④ Joseph [Giuseppe] Acerbi, *Travels through Sweden, Finland, and Lapland, to the North Cape in the Years* 1798 *and* 1799, vol. i (London, 1802), p. 297.

在这个故事中，谁自由地控制住了自己的冲动——是“前现代”的沐浴者，还是给自己找乐子的朱塞佩·阿齐尔比？

不管怎么样，都可以总结出一个大体的看法。阿齐尔比和沐浴者之间反应的不同，与埃利亚斯和杜尔之间的差异，有着明显的相似性。文化上强加的纪律可能会以相反的方式确认自身：冒犯性的元素可能被一点不剩地排除在视线之外（例如，置于隔墙后面），抑或看向它的另一边，或忽视它，从而可能让它被变得“不可见”。

这一论点为我们解释安妮·博林在加冕宴会上的窘境提供了一种新的路径。晚宴是一个仪式性的场合，王室夫妇在其绝对中心，坐在桌边的宝座上，面对着数百名宾客、仆人和旁观者。如果王后当时道声告退，离开房间，她就会打断甚至导致欢庆时刻的结束，从而引起人们对提不得的“私事”的明确关注。

现代性的引入伴随着自律的增加和对卫生的日益迷恋，这个一般观念看起来像一个历史论题。[①] 现代化被看作是这样一个过程：肮脏成为禁忌，并从社会中逐出，因为通过社会强加的纪律，对肮脏的习惯性厌恶正在被培养起来。但是，为了使这个论点符合历史，应该分别详细地描述一下所讨论的社会环境中压抑和宽容态度的分布。有一种说法，认为“前现代”就是“现代资产阶级”文化或“维多利亚时代”文化的对立面，这种说法常常因未能详细说明其适用

① Gerd Schwerhoff, ‘Zivilisationsprozess und Geschichtswissenschaft: Norbert Elias’ Forschungsparadigma in historischer Sicht’, *Historische Zeitschrift*, cclxvi (1998), pp. 599-600，指出埃利亚斯明确地把自己的作品作为一个经验上可验证的历史论题，而不是作为一个理想的概念构想或以供进一步研究的框架。

的社会环境和境况而说不通。正如有一位书评人在评论弗莱克曼论清洁卫生在瑞典的发展的著作时写道，我们对“维多利亚时代”的那段时期、社会阶级和真实的祖国一无所知；他“有时来自20世纪50年代，有时是一个疯狂的德国老医生”，但“从来不是一个被明确界定的、有着具体经济和社会地位的群体”。[①] 如果我们试图确切地指出对比鲜明的“前现代人”，我们会遭遇同样的模糊性。“前现代人”有时居住在中世纪的城镇，有时居住在18世纪的法国宫廷，有时居住在20世纪30年代的瑞典南部的农场。

基于水的清洁活动和基于秩序的清洁活动

有一个因素——相比于其他任何因素——极有可能导致人们混淆了“前现代人”对待肮脏的态度。人类学家和文化历史学家的大多数研究关注的是人们的生活——这些人与他们不同，但与当前大多数人没什么不同——这些人只能获得有限的干净水。我们这些生活在工业化的西方国家的人通常享有以用水为基础的卫生形式，而其他社会环境中的卫生在很大程度上是以维持秩序为基础

① Christer Winberg, 'Några anteckningar om historisk antropologi', *Historisk tidskrift*, cviii (1988), pp. 1-29, at p. 19. 最后的引文（着重号为原文所有）引自一年书评，Sven B. Ek, of J. Frykman and O. Läfgren, ed., *Den kultiverade människan* (Lund, 1979)。

的。[1] 举个例子，那些露营过或在简陋的避暑别墅里待过的人可能会很熟悉：茶杯、刀叉不会在早餐后清洗，而要摆放好，让每个人都能找到自己的，以备之后使用。基于秩序的卫生，其一般原则是尽量让干净物品和肮脏物品较少触碰到。

欧洲语言保留了一些基于秩序的卫生的回忆。瑞典语中的"右"(与左相反)，也就是 höger 这个词，保留了印欧实践生活的记忆：清洁活动显然是基于两种对比的相互作用，因此"右/左"这对概念与"高/低"(参见 högre，"较高")是并置的。高与低之间的物理边界就在腰部。"较低"区域的不干净物品只能用左手触碰，而右手则可以自由地追求"较高"的事物。因此，在用于此类任务正恰到好处的意义上，右手也是"对的"，这一等级关系在多种语言中不断重现。[2]

在北欧，罗姆人("吉卜赛人")的文化直到现在都保持着一种以秩序为基础的完整卫生形式。芬兰的罗姆人的清洁的意思是，厨房用具如果由于某种原因接触到地，即使经过仔细清洗，也不能再用

① 我最开始意识到这一点的重要性，是通过 Solveig Sjöberg-Pietarinen 博士在 2002 年 3 月 20 日的讨论。

② 亦参考 *recht*（德语），*droit*（法语），*pravyj*（俄语），*oikea*（芬兰语）和 *parem*（爱沙尼亚语）。进一步参考某些瑞典俗语：*grannhanden*"漂亮（亦即正确）的手"(S. Sjöberg-Pietarinen，口头交流，2002 年 3 月 20 日)；*taga skeden i vacker hand*"用漂亮(亦即正确)的手拿汤匙"。

于烹饪。[①] 男人和女人的衣服——内衣和外衣——必须分开清洗和晾挂，并分开存放；[②]象征性地位较低的人（女人、年轻男人）不应该待在较高地位的人上面（例如，一所房子的楼上），以免象征性地污染待在下面的人。[③] 至于月经，芬兰的罗姆人与大多数罗姆人社会不同，没有具体的污染禁忌——根据社会学家马尔蒂·格隆福尔斯（Martti Grönfors）的说法，这仅仅是因为这种文化在整体上以"对性的极端否定"为基础，这就是为什么甚至都不可能去制定关于此话题的规则。[④]

从这些描述中可以明显看出，秩序的相关原则不仅是关于有限意义上的清洁活动，而是本着玛丽·道格拉斯的最佳精神，与一种普遍的礼节和尊重模式相联系。以秩序为基础的卫生在资源短缺的条件下运作良好，但它自然不是一个易于变通的系统，这就是为什么它在涉及劳动分工的社会中不太有效，因为这样的社会要求互

① Martti Grönfors, 'Institutional Non-marriage in the Finnish Roma Community and Its Relationship to Rom Traditional Law', in *Gypsy Law: Romani Legal Traditions and Culture*, ed. Walter O. Weyrauch (Berkeley, ca, 2001), pp. 149-69, at pp. 149-50, fn. 2："对于芬兰的罗姆人来说，如果有什么东西在仪式上不干净，那么它实际上也就不干净。如果有什么东西是在仪式上不干净的，那用尽任何办法都无法清洗干净；如果有什么东西是在仪式上洁净的，但实际上是不干净的，就可以用正常的清洗方式被清洁。例如，如果一个咖啡杯（本质上是干净的，亦即在仪式上是洁净的）放在一个在仪式上不干净的平面上，那么用尽任何办法都无法清洗干净它了。"

② Ibid., p. 158, fn. 19："禁忌的衣服（如胸罩、男式衬衫和内衣）不能在讲话中提到……每一代人、不同性别的人的衣服都要分开洗。此外，'干净'的东西（如桌布和毛巾）不能和'肮脏'的东西（如衣服）一起洗。"

③ Ibid., p. 157, fn. 18.

④ Ibid.

相来往的社会群体之间有频繁接触。基于秩序的卫生自然会导致某些情况下的整个职业类别变得不可接触，如果他们——因为工作原因——无法避免接触不洁。瑞典的罗姆人阿留沙·泰贡（Aljosha Taikon）在他的自传《阿留沙：吉卜赛酋长的儿子》（*Aljosha: Son of the Gypsy Chief*）中告诉我们，在他开始为瑞典国家卫生局工作后，他再也没有被邀请喝过咖啡。他每天都会穿着白大褂、戴着手套工作，洗手数百次，但他不被允许触碰其他罗姆人家庭里的瓷器。①

很有可能，对于除当前西方主流文化之外的卫生标准，我们的大体评价受到这样一个事实的影响：我们倾向于期望以水为基础而非以秩序为基础的解决方案。例如，英格朗将17世纪欧洲贵族的清洁描述为早期现代"卫生作假"的一种形式，意思是这个社会阶层对身体的废弃物和臭气仍然抱着一种完全自然和不加约束的态度（与我们不同）。

有三种方法可以用……第一种是擦拭。人们不蘸水，而是用干布和湿毛巾来擦拭掉污垢。（麸糠和各类粉末被用于洗头发，因为即使是身体的这一部分也不应该毫无理由地被弄湿。通常，方法是在睡觉前用这种物质搓揉，然后在早上把它梳掉。）第二种方法是用香粉……香味可以掩盖细微的卫生缺陷……第三种也是最重要的方法是使用亚麻布。无水清洁的秘密是，亚麻布贴身穿着，而外衣

① Gunilla Lundgren and Aljosha Taikon, *Aljosha-zigenarhövdingens pojke* (Stockholm, 1998), pp. 68-69.

则经常更换。①

然而，仔细审查一下，这篇关于无水卫生的描述中没有一个字表明现代早期的贵族不认为肮脏和臭味是惹人厌的。只不过用水很少，而头发是用粉末洗的。为什么要避免水？没错，水"被视为传染病的载体"，②在那样的环境下这种考量也并非不符合实际。但是，英格朗和埃利亚斯一样，都是用"文明化"的视角来看待他的原始资料。社会的发展被描述为一个合理化的过程，在此过程中包括性、哭泣、大笑、懒惰甚至勇气在内的情感冲动逐步得到控制。

这是英格朗的这本文集里不变的主题，这与约纳斯·弗莱克曼的描述中类似的趋势相对应。弗莱克曼与对立的两极分别打过交道：资产阶级纪律和农村里受到约束的自由。他描述了1910年左右瑞典一家农户的卫生习惯，他对厨房和起居室中的"特定的污物贮存器"感到不安：便桶、痰盂、擤鼻涕的布、放置在床下的夜壶。③考虑到弗莱克曼对这些东西的困扰，我们当然会问，在他看来，如果缺乏自来水、纸巾和下水道把大便冲到……某处或者我们基本不了解的其他地方，对于这样的家庭，处理污秽物的最好方法是什么？

旧式和新式清洁方法之间的冲突有时也可以用幽默来表达。爱德华·诺德曼(Edward "Edo" Nordman)后来在芬兰基米托

① Peter Englund, *Förflutenhetens landskap* (Stockholm, 1991), p. 208.

② Ibid., p. 207.

③ Jonas Frykman, 'Hel och ren. Kropp och tanke hos bönder och borgare', in *Den kultiverade människan*, ed. J. Frykman and O. Löfgren (Lund, 1979), pp. 131-220.

(Kimito)的萨迦兰室外博物馆(outdoor museum of Sagalund)当管理员时,就是这样描述他和七个兄弟姐妹共同出生和长大的小屋的——"我们都生活在那里,直到死去"。那里的风俗是,家里的所有成员都用他们自己的木匙吃饭,然后他们会舔或擦干净,并放在一个架子上。

他(诺德曼)还抱有这样的观点,所有现代疾病的起因都是由于过度清洁,他对肺结核如何在该地区传播有一套自己的理论:"1882年是肺结核在这里出现的年份,在此之前,我们都用同一把汤匙在同一个罐子里吃饭,细菌会把彼此吞噬掉。"①

与其说是线性进步,倒不如说,农村地区步入现代性的过程中,新旧清洁文化之间互相竞争。例如,早在20世纪,芬兰农民就抵制城里人使用手帕的方式。手帕无疑被珍视为一种装点身份的象征,例如妇女在教堂礼拜时会用它来擦眼泪;但如果把它用于最初的目的,用它裹着鼻涕折进口袋里,一切都会显得粗鄙不堪。② 这并不能说明这些"前现代"或尚未完全现代的农民对身体的废弃物漠不关心。

与这种不完全现代的清洁观念密切关联的,是如今被我们认为"完全无关的事物",例如,得体地梳洗是对长者表示尊重的一部分。

① Clara Puranen, 'En anslående fest', in Sagalund-'min kostsamma leksak', ed. Li Näse, Sagalunds Museum (Kimito, 2000), pp. 8-43, at p. 20.

② Hänninen, *Puhtauden yhteiskunnallis-sosiaalisia ulottuvuuksia*, p. 94.

我们对这类联系还不完全陌生，即使我们多半不会再注意这些，如果我们只是把清洁看作个人卫生的话。另一方面，以水为基础的卫生和以秩序为基础的卫生之间的差别并不绝对，因为二者都是为了创造一个适宜的和健康的人类环境。此外，当我们用水清洗的时候，我们也必须按照一定的秩序来过日常生活。饭后洗餐具的时候，我们先洗杯子，最后洗各种锅子；刷地板的时候，我们从窗户边开始，逐步刷到门口。

总的来说，说"前现代人"不关心清洁，只关心秩序，这样的看法涉及文化上的某种短视。如果一个到访的"前现代"观察者得出一个结论，"现代人"只关心在水里拍搅，而不关心清洁，那么他们也犯了同样的——尽管是相反的——错误。

教养的多种形式

认识到不同于自己的清洁卫生形式是很困难的，这说明了在描述长期的文化改变时，我们必须始终努力避免这种井底之蛙式的闭目塞听。在人类的发展过程中，发生改变的不仅有所做之事的数量，还有其性质；我们需要看到，到某些时候，合适的衡量标杆已经不同于从前了。或者，更准确地说：随着历史跨度的增加，解释的模糊程度也在增加。对于我们来说，不可能将任何文化改变明确地定义为简单的数量改变。在某种意义上，诺贝特·埃利亚斯当然突出了前现代人的"他者性"，从而强调他们和我们之间在性质上的差异。因为他坚持认为，他所描述的那些人并不觉得有必要像我们一样抑制他们的情感冲动。但在我看来，他把前现代人塑造得更为陌生了，超出了所需的限度，正是因为他没有认识到，对于什么可以算是克制或者什么是缺乏克制，现代和之前时代的看法有所不同。

文化发展无疑产生了新形式的约束和相互尊重，但也包含早先形式的消失。各种叙事只能追溯到我们现已知晓的自律的逐渐出现，这样的叙事在本质上是对自律的其他形式的视而不见——这当然与我们自身没有准备认真对待已经消失或正在消失的文化类型有关。女人不应该穿裤子；年轻人不应该和长者说话，除非被要求说；或者用刀子吃豌豆是不合适的；如何看待这样的观念呢？我们倾向于把它们（相对）的消失歌颂为进步，而不是礼仪的懈怠。

埃利亚斯把中世纪晚期或现代早期的宴会描述成一个情感强烈、亲密和自发的场景。他最重要的资料来源是伊拉斯谟的《儿童礼仪》，这是一本当时广为传阅的关于礼仪的指导书。1530 年出版后，它几乎立即被翻译为主要的几种欧洲语言（1536 年首次翻译成英语），例如 1620 年以瑞典语出版，1670 年以芬兰语出版（1693 年再次出版）。这么长的时间跨度证明了欧洲边缘地区相对于欧洲中心的文化滞后，同时也证明了原作的持续流行。多年来，它一直是学校指定的读物，毫无疑问，部分原因是它优秀的人文主义拉丁语。

《儿童礼仪》的读者可能会惊讶地发现，里面关于餐桌礼仪、规矩的许多指示，当今的任何一个成年人都会认为是不言而喻的。例如，伊拉斯谟告诉他的读者，不要舔自己的手指，也不要用外衣擦手指，不要把剩菜倒在地上，也不要把共用菜肴里最好的部分都夹过来吃。① 这些事情，我们认为只需要向孩子们指出就可以了。但是，为什么会这样——如果原因不是伊拉斯谟这本书的确为了孩子而写？

另一方面，也有一些伊拉斯谟列出的礼貌行为的规矩，被现代读者认为是过时的或难以理解的。例如，你不可以用左手在桌子上递任何东西；不可以双腿交叉站着；如果面包不小心掉在地上，你必须亲一下它。

> 你若动什么物件，切不可用左手去拿。
>
> 在意大利，有些人为了荣誉，就把一只脚踩在另一只上，他们也不好好站着，而是像鹳鸟那样，用一条腿支撑着，这种姿势，我不知道对小孩子是不是合适。
>
> 我们的长者在所有筵席上，都以极大的敬重吃面包，当作一件神圣的事：这就有了此一习俗，如果面包不慎掉在地上，就要亲吻它。②

在东欧部分地区，亲吻面包的习俗几乎延续到了近代。毫无疑

① 早在1200年左右，在丹麦历史上被称为Gesta Danorum的这段时期，编年史家Saxo Grammaticus就提到了剔牙和吃食物碎屑的习惯是出身低贱之人的标志。这种说法包含在以早期民间传说为基础的“阿姆利特故事”（Amleth，即莎士比亚《哈姆雷特》的来源）中。Saxo Grammaticus, *Danica historia libris xvi*, ed. Philippus Lonicerus (Francofurti ad Moenum, 1576), Book iii, p. 48.

② Desiderius Erasmus, *The Ciuilitie of Childehode*, trans. Thomas Paynell (London, 1560), n. p.

问，面包在圣餐中的角色加强了这种习俗。[1] 总的来说，在《儿童礼仪》中，与宗教的关联有许许多多，这让它对社会生活的描写有了一个特有的仪式性层面。吃肉前后都要祷告，这自是理所应当的。餐桌上的座次是严格规定的。走在街上，必须向年长者、品格圣洁者，或位高者致敬。

> 如果你遇到一个人，他的年龄是可敬的，他的圣洁品格值得尊重，他的身份值得受到礼遇，或有其他值得尊敬的地方，你记得要给他让个地方，转过身来，给他让路，脱帽致敬，并微微屈一下膝。[2]

中世纪和现代早期的男男女女用手指吃饭，从一道共用的菜肴里取肉——按照埃利亚斯的解释，这种方式变成了亲密关系和不拘礼节的表现。[3] 今天，唯一允许用手指取食的正式场合是鸡尾酒会，但经验告诉我们，即便如此，亲密关系也不一定会继而出现（等到这样的情况真的出现，吧台通常都要打烊了）。埃利亚斯还指出一个事实，那就是中世纪的旅人经常被要求在客栈里睡同一张床。然而，我们不应该假定一个既定的实际安排总是意味着亲密关系。怎样才可以算是亲密关系，要理解这一点，在当前情况下，必须先理

---

① Jerzy Faryno, 'Neskol' ko obščih soobraženij po povodu konceptov "grjaznyj/čistyj"', *Studia Litteraria Polono-Slavica*, iv (1999), pp. 59-62. 通过亲吻，没接住的面包实际上被欢迎回归可食用的领域。亲吻可以被看作是一种友好的问候，但也可以确认没有什么侵犯了面包的洁净性。

② Erasmus, *The Ciuilitie of Childehode*, n. p.

③ Norbert Elias, *The Civilizing Process*, vol. i: *The History of Manners*, trans. Edmund Jephcott (Oxford, 1978), pp. 69-70.

解怎样是惯常的行为方式，在某种意义上也因而是中立的、匿名的行为方式。睡同一张床也许和今天坐在同一张沙发上没什么不同。但在当今的工业社会，每个人都有自己的餐盘、床和房间，新形式的私人距离以及亲密关系已经成为可能。

埃利亚斯用刀叉吃东西，伊拉斯谟用手指吃东西；但相较而言，难道就不能想象埃利亚斯而非伊拉斯谟可能才是那个我们认为的未开化的人吗？如果目睹伊拉斯谟时代的生活，很有可能我们会认为用手指吃饭是非常隆重的。我们现在的许多有教养的习俗正在消失，而曾经有许多别的东西我们早已丢掉了。

如果我们能时光旅行，到一个前工业化时代的农民家庭里去，文化疏离的体验将会得到强化。参观过程中，现代城市居民甚至在坐下来喝咖啡之前，可能就已违反十几条不成文的规定。在芬兰的乡村，厨房兼起居室被划分为"男性"和"女性"两个区域，其界限只有在特殊情况下才能被跨越。"男性"和"女性"器皿的摆放方式相同。民族学家伊利亚·萨尔伯格(Irja Sahlberg)告诉了我们关于基米托(Kimito，位于芬兰西南部)的农户的情况。

从烟囱开始到三角墙，有一道看不见的界限，把房间分成"纺纱杆那一边"和"枪矛那一边"，或者用当地话讲，分为壁炉那一边(spisvrån)和男人那一边(karlssidan)……女人和儿童可以自己在壁炉边低矮的"餐桌"(Matstol，"肉凳")上吃饭，而男性则在壁炉斜对角的“高桌”或“男性餐桌”上吃饭。①

社会学家基尔斯蒂·索林纳(Kirsti Suolinna)告诉我,即使是在20世纪80年代初,她也被位于利米奥尼奥(Ylimuonio,靠近瑞典的北部边境)的房主斥责了,当时她碰巧坐在了咖啡桌的错误的一边。这张桌子标明了房间里男女双方的界限,这是一个看上去恰恰非常现代的家庭。②

工业时代之前的农业社会没有现代社会这么规矩严明,这一点也不显而易见。当然,最终的裁决在一定程度上取决于谁来做比较,以及他们的视角是什么。如果把现在的做法作为准则,我们很容易得到这样的印象:我们的祖先通常都是粗心大意的人,但出于某种原因,他们总是专注于琐事。然而,经过更仔细的观察,这些有待争论的“琐事”可能会被认为是我们现在所不具备的日常生活的文雅形式。从某种意义上说,两派都有充分的理由将对方视为一群野蛮人。如果两种文化是不同的,两种文化都必然会拥有另一种文化所缺乏的卓越之处,因此两种文化都会指责另一种文化的标准太松弛。我们有记录表明,非欧洲人——他们当然被过去几代欧洲旅行者视为“原始人”——经常把西方人视为幼稚的和不守纪律的人。我们应该意识到更复杂的变化模式,而不是假设一种直线向上的进步。

① Irja Sahlberg, 'Byggnadsskick och heminredning', in *Kimitobygdens historia*, vol. ii (Ekenäs, 1982), pp. 61-139, at p. 107.

② Kirsti Suolinna,口头交流,2004年11月17日。

文明的运动

现有资料本身很难支撑现代化理论中典型的雄心勃勃的概括。那么，为什么把西方文明的发展看作是一种不断增长的规训和自我约束，看起来是那么自然呢？很难对抗这样一种印象，即人们有以某种方式来解释过去的需求；出于某种原因，我们显然希望自己比我们的祖先更守纪律、更理性、更不知名、更干净。我们的现代性思想不仅反映了物质的变化，而且反映了我们自我理解的变化——这一过程当然也属于所谓的现代性发展。

在这个节骨眼上，想一想自 18 世纪末以来人口统计的一些深刻转变，以及由此而带来的生活方式的转变，这并非无关紧要。在欧洲和北美，人们越来越多地集中在城市地区，在那里他们总是与陌生人住得很近。他们也要经受廉价酒和卖淫的诱惑。绝大多数的住宅将没有足够的空间来存放各种零碎杂物，也不会有一个不被打扰的小小地方来如厕。在日常后勤问题重重的背景之下，科学和工业宣布了新的胜利——室内管道和改良的洗涤剂的奇迹。其结果是使基于秩序的清洁变得越来越麻烦，并在 19 世纪逐渐为基于水的清洁提供了良好的机会。这些变化迫使人们的思维方式发生重大变化，而这种新形式的自我约束的灌输需要持续不断地努力，这一点也不足为奇。每个人都拥有洁净的空气、光线和清洁！[1]

至少从 19 世纪晚期以降，西方公共话语反映了两个城市阶层

---

① 关于美国的早期个人清洁运动，见 Katherine Ashenburg, *The Dirt on Clean: An Unsanitized History* (New York, 2007), pp. 200-227。

日益壮大这一现实状况，这是这幅图景的组成部分。对资产阶级和有组织的工人来说，自律被明确认为是一种美德，而农民和贵族们所假定的污秽行为，足以把他们送入历史的粪堆。《污秽的瑞典》一书的作者诺德曼在1938年概述了他对瑞典工人成为未来高贵骑士的愿景："这个贵族，既不以出身为基础，也不以金钱为基础，而只以一件事为基础，就是独自拥有能够把阶级和地产之间的旧墙夷为平地的力量——清洁，绝对的清洁。"①美国人没有欧洲的社会等级制度，并以自己进步的思维方式为荣，他们早就把清洁的观念作为文明的标志来传播。② 到19世纪末，所有工业化国家的社会改革者都接受了清洁、自律和进步之间的联系。清洁等于自律，等于进步。③ 在评论这一总体趋势时，凯瑟琳·艾森伯格(Katherine Ash-

---

① Nordström，quoted in Per Svensson，Svenska hem. *En bok om hur vi bor och varför* (Stockholm，2002)，p. 164.

② Ashenburg，*The Dirt on Clean*，p. 201.

③ 亦见于 Roger Fayet，'Moderne Reinigung，postmoderne Kompostierung. Über ein abfall theoretisches Modell und die eigentlichen Signaturen zweier Zeitalter'，in *Verlangen nach Reinheit oder Lust auf Schmutz? Gestaltungskonzepte zwischen rein und unrein*，ed. Roger Fayet (Vienna，2003)，pp. 15-40，at p. 15。他的看法是"现代人的真正特征是净化的倾向，另一方面，后现代人的真正特征是'混合'的倾向"；以及 Stanislaus von Moos，'Das Prinzip Toilette. Über Loos，Le Corbusier und die Reinlichkeit'，in *Verlangen nach Reinheit oder Lust auf Schmutz? Gestaltungskonzepte zwischen rein und unrein*，ed. Roger Fayet (Vienna，2003)，pp. 41-58，at p. 42，将"洗澡、清洁、净化"描述为"对现代的迷恋"；以及更进一步，Elsa Törne [Elna Tenow]，*Renhet. En häfstångför den enskilde och samhället* (Stockholm，1906)，pp. 3-4："我一直在试图证明，肮脏对我们的社会产生了一种削弱的力量。在它之下，我们或多或少都是奴隶或殉道者。最重要的是，我发现，在他们自己设法使他们的需求实现的范围内，一个接一个地提升社会群体，是实现目标的一个非常缓慢的方式。相反，我想指明一条能够像其他任何东西一样贯穿社会各个层面的单行路线——清洁的路线……对所有人来说都是一样的铿亮清洁，现在却只供给相对较少的所谓的富裕社会成员。"(本书作者自译，着重号为原书所有)

enburg)引用了1923年的一句声明，大意是，如果不每天洗澡，“没有人能真正做到干净，也就不能感受或表达文化”——她又自己加了一句，“米开朗基罗、贝多芬和简·奥斯汀也还没做到。”①

在此之前，许多国家的管理者就开始为平民中的资产阶级美德而努力。在斯堪的纳维亚，在报纸传播之前，讲道坛常常被用于传达这类一般信息。不管怎样，到19世纪末，文明议程主要是从医学和卫生方面理解的。在工业社会中，人们害怕的是疾病而不是罪，最重要的是，这种观念被带给了家庭中的女性成员。有一本瑞典家庭主妇手册 *Kvinnans Bokskatt*(《女人的书籍宝藏》)，在1913年告诉她们，“已经有相当少的有害细菌足以引起所谓的‘感染’，意即进入身体并产生有害影响，也就是致病条件。”②所有工业化国家的趋势都是一样的，美国处于领先地位。苏珊·斯特拉瑟(Susan Strasser)指出，19世纪90年代之后，每当流行杂志讨论本国的健康问题时，关注点主要是细菌以及细菌与人接触的各种方式。③

然而，健康问题只是意识形态的冰山一角。下面这位芬兰作家的文摘说得很清楚，肮脏被认为是一种普遍的放纵状态。相比之下，清洁意味着生活中所有领域的自我控制。

---

① Ashenburg, *The Dirt on Clean*, p. 248. 第一条引文来自 William M. Handy, *The Science of Culture* (1923), i: 58。

② *Kvinnans bokskatt*, ed. Ingrid Norden (Stockholm, 1913)，引自 Svensson, Svenska hem, p. 109。本书作者自译。

③ Susan Strasser, *Waste and Want: A Social History of Trash* (New York, 1999), p. 174.

"人是动物",当你看到人类待在肮脏的住所里,穿着脏兮兮的汗湿衣服,或者吃下不适合人类食用的东西时,你会不禁如此感叹。人的尊严就这样消失了,人不了解自己的状况,因为作为人类,外表一定要整洁和干净,身体也必须要洁净。人也是动物,当他滥用致人醉的物质时,当他在醉酒中失去了所有的自制力和自决力时,当他灵魂的力量被麻痹时,当他被动物性的激情所奴役时,他只听凭其指挥……因此,我们必须牢记,任何想顶着人类的名号出现的人,他的家和衣服必须要保持干净,并终其一生遵守清洁卫生的要求,否则说他是动物也不为过。①

换句话说:人类是人,但如果不小心,他们就会变成动物。野兽成为野兽,不是它自己的责任,但人身上的兽性总归是一种退化的情形。洁净首先意味着不去碰酒,同时也意味着性方面的自我控制。"自渎"(手淫)会引起极大的恐惧,以至于与妓女发生性关系有时被认为是较小的邪恶。② 从 1900 年左右一本流行杂志上年轻读者写的惊慌失措的信来看,健康风险已经成为性的自我控制这场斗争的主要动力。③ 反之,身体健康和清洁是防止放纵的最佳保护措施。"每天对身体的脆弱部位进行外在清洁,是一种防止道德消亡

---

① G. V. L. ,1908. Ihminen on eläin. *Terveydenhoitolehti*, xx/11 (1908), p. 179,引自 Helena Hänninen, *Puhtauden yhteiskunnallis-sosiaalisia ulottuvuuksia. Henkilökohtainen siisteys ja puhtaudenpito Keski-Suomessa noin* 1890-1930, MA dissertation, University of Jyväskylä (1985), p. 39。

② Arvid Järnefelt, *Mitt uppvaknande* (Helsingfors, 1894), pp. 30-32.

③ Hänninen, *Puhtauden yhteiskunnallis-sosiaalisia ulottuvuuksia*, p. 37. Hänninen 翻遍了芬兰杂志 *Terveydenhoitolehti* 多部全年合订本。

的很好治疗方法，但只有内心的纯洁，才能保证完全后顾无忧。”①

营养不良、过度工作、住房不足和污秽等有充分证据的问题首先将借助教育来解决，教育一开始就是强烈依赖于个人的慈善性质的工作。举一个安妮·弗鲁赫姆(Annie Furuhjelm)的例子，她是一位在沙俄帝国服役的芬兰海军上将的女儿，1892—1893 年冬天，她在芬兰东北部的边远地区度过，目的是给贫困家庭的儿童组建一个收容所。她惊讶地发现，“据说该地区的百姓从不鞭打他们的孩子——他们被允许完全自由地成长。”在这个新机构中，这一点当然会被改变，在那里，“人类”会从他们之中被制造出来。② 另一个需要改变的是人们对肮脏的态度，因为根据当时占主导的当地智慧，“清洁，就是杀死你的原因。”③

与此同时，在欧洲和北美的工业化中心地带，大约 1850 年后，“城市的脏乱”成了小说和非虚构作品的一个主题。一般来说，资产阶级对于城市卫生问题的争论，集中在家里的不健康环境上，而不是在工作场所上。因此，城市规划和教育(对工人及其家属的教育，而不是对雇主和贫民窟房东的教育)被认为是主要的补救措施。这个等式是这样的：清洁＝自律＝进步。清洁就是启蒙、责任、健康、节制和光明。肮脏就是迷信、懒散、疾病、纵欲和黑暗。

---

① Metsätähti, 1908, ‘Siveelisyydestä’. *Terveydenhoitolehti*, xx/11 (1908). 引自 Hänninen, *Puhtauden yhteiskunnallis-sosiaalisia ulottuvuuksia*, p. 36. 本书作者自译。

② Annie Furuhjelm, *Den stigande oron* (Helsingfors, 1935), pp. 186-7. 本书作者自译。

③ Ibid., p. 187. 本书作者自译。

关于文明运动的这个等式，有趣的是它正反都说得通。它不仅意味着一个人的精神高度可以从他或她的衣服和腋窝的状况中读出，还意味着一个文化水平低的人会被认定是污秽和懒散的。苏珊·斯特拉瑟强调了这在实践中可能意味着什么。她引用了一份1906年对美国城市卫生状况的调查，作者谴责了从高比例移民的社区收集来的"垃圾之粗心大意和污秽程度"。这些地区居住着"受教育程度最低的俄罗斯人、波兰人、斯堪的纳维亚人、意大利人和犹太人"。[①] 这些地区的垃圾质量不好，据说是由于居民的生活方式粗心大意，但斯特拉瑟指出，问题似乎恰恰相反。贫困的居民已经小心翼翼地确保不扔掉任何可能被保留或用作燃料的东西。剩下的垃圾很难焚化，因此与从富裕地区收集的未分类垃圾相比，显得"污秽"。

在这种情况下，移民们认为这正是他们勤俭的结果，却变成了他们落后的标志。历史学家大卫·沃德(David Ward)描述过一个类似的现象，斯特拉瑟也有引用。[②] 在有关城市悲惨生活的文学作品中，挂在公寓楼之间的晾衣绳场景成为肮脏和疾病的主要视觉象征。当然，这种现象的存在，恰恰是因为劳动妇女的清洁努力，但阶级偏见甚至使得"清洁的形象(似乎)成为脏乱的画像"。[③] 上层社

① Strasser, *Waste and Want*, p. 137, quoting H. de B. Parsons, *The Disposal of Municipal Refuse* (New York, 1906), p. 6.

② Ibid., p. 139, quoting David Ward, *Poverty, Ethnicity, and the American City, 1840-1925: Changing Conceptions of the Slum and the Ghetto* (Cambridge, 1989), pp. 17-18, 33-4, 77.

③ Strasser, *Waste and Want*, p. 139.

会的居民把衣服送到洗衣女工和商业洗衣店那里,晾衣绳自然就看不见了。综上所述,在那些牢牢占有文明的标志物的人看来,文明运动的等式很好用,因为他们有权将他人定义为既不文明又污秽的。

现代化的论题

归根结底,是我们的预期造成了过去的男男女女(所有人,一直以来)在我们眼里显得污秽、冲动和“自然”——无论是好的预期还是坏的预期。在实践中,诺贝特·埃利亚斯构想出了一个挥之不去的流行形象:中世纪是一个“野性的”世界,从而利用“黑暗时代”作为浪漫的衬托,把“现代”现象引向人们的关注。① 其结果就有了一种关于文明的理论,这种理论以19世纪进化论的方式,将某些文化归类为比其他文化更原始的文化。② 当然,“原始的”不仅是一个滥用的术语,它还承载着这样一种联系:与自然、与真正未受破坏的人类本质亲密接触的生活。当当代发展被认为是不自然的时候,对中世纪的人和野蛮人的反思可以被用作批评的手段,从而处理我们这个时代的一个紧迫问题:人类作为自然的一部分和作为文明的代理,这两者的对立。

---

① Schwerhoff, ‘Zivilisationsprozess und Geschichtswissenschaft’, pp. 601,584.

② Ibid. ,p. 595.

我们对“前现代人”进行多种描绘，主要功能是用作当代自我理解的基石。当我们的概括性图景导致了荒谬时，这一功能就最容易被注意到。再假设一下，根据引用自莱特肯斯的那种描述，前现代人本质上无法明确区分他们自己、他们的家人和物质环境，这就意味着在吃饭时，人的手和食物之间没有明显的界限。① 前现代人是不是会阴差阳错地咬掉了自己手的一部分，却注意不到差别？他们搞不清楚自己的名字和家人的名字吗？答案是，这些描述并不能按照字面来理解，因为真正的信息是关于我们的自我理解。它是关于我们的，我们是由个体性、理性、纪律和人类对自然的支配等观念所定义的文化的成员。

因此，我认为，当代文化思想对卑贱的颂扬，乃是源于挑战启蒙运动进步观的需要。但是，这似乎说明了，证明我们与生俱来的污秽有正当性，这个计划仍然背负着来自启蒙形而上学的哲学包袱。肮脏，被看成是象征性的，因而在某种意义上是一个主观武断的范畴，它隐隐约约地与物质实在的背景形成对照，而后者被理解为一个纯粹的科学领域，从根本上独立于人类的感知。我们现在应该看看“物质”这个概念。在理论话语中，肮脏通常被认为是一种非常奇怪的东西，需要被驱逐到象征这一模糊领域。我相信这是因为物质被认为还不够奇怪。

① Lorenz Lyttkens, *Den disciplinerade människan* (Stockholm, 1989), p. 63.

第三部分

算一算物质的账

这个世界是困难的。困难这个概念不是一个反身性概念，反身性概念的意思是与自己有一种关系。它就在那里，在这个世界上，它是一种对世界给予感知的品质(正如通往可能的目标的道路、可能性本身以及对物品的迫切需要——应该要阅读的书籍、要重换鞋底的鞋子等)，它是我们所从事的活动——或仅仅设想的活动——的思维关联。

萨特，《情感理论概略》(*Sketch for a Theory of Emotions*)①

---

① Jean-Paul Sartre, *Sketch for a Theory of Emotions*, trans. Philip Mairet (London and New York, 1962), p. 39.

第九章　在事实与实践之间

我们与外部事物之间关系的本质，这种关系存在于反应之中，存在于反思之中，也就是我们对外部世界的感知。对于自然的感知就像是舞蹈，纯净而简单，正是这种舞蹈使得感知对我们成为可能。

薇依，《哲学讲稿》(*Lectures on Philosophy*)①

肮脏作为一个问题，再一次地

什么是"肮脏的"？当一个对象被归类为肮脏的时，发生了什

① Simone Weil, *Lectures on Philosophy*, trans. Hugh Price, with an introduction by Peter Winch (Cambridge, 1993), p. 52.

么？回顾前面的讨论，在这一点上，我们可以想到两种迥然相异的方法来解决这个问题。

首先，有不同版本的化约论，认为人类意识以一种有选择的、碎片化的方式接受一个原本中立的现实。人类开始根据自己的智力和情感需求将世界的某些部分归类为不洁净，但从逻辑上讲，人的分类是武断的：原则上，人类可能总有一天会开始对世界运用一些全新的范畴。第二种方法，与化约主义相反，可能是指一种天真的实在主义，把肮脏和污染描述为世界的真实性质。它们是在外部世界找得到的性质，完全独立于人类把它们进行如此这般分类的偏好。我们称事物是肮脏的，仅仅因为它们就是如此。

后一种概念，至少就刚才提出的形式而言，可能会让读者觉得极其天真，这就是我称其为天真的实在主义的原因。同时，我们恰恰认为这是一种“天真的”立场也并非巧合。它代表了一种无反思的态度，毋宁说，它在某种程度上给我们的印象是，在反思开始之前就有的自然的默认立场。但是，如果说对我们与肮脏的关系进行哲学分析有一个真正的目的，那就是要如其所是地描述我们的概念，而不是用更好的概念来代替它们，那么一种自然的态度应该是任何描述的公认出发点，即使它不一定是终点。那么，在某种意义上，我们必须接受这种天真的观念，即肮脏真的存在于世界上。

我们必须得这样做，但问题是，我们是否在哲学上有资格这样做。这个难题依赖于一个假定，即不可能将意义和目的归给对象。与主体不同，“对象”的定义似乎是被动的、无生命的东西。根据哲学上的多数观点，我们构想的这个世界，若没有意识的存在，那就是乏味的，是毫无目的可言的，也可以说，是动力不足的。这就相当于“对物质世界的理解具有二重性”，正如蒂姆·英戈尔德（Tim Ingold）描述的。

> 一方面是世界“物质特性”这种天然的物质性；另一方面是人类在社会和历史中起的作用。当人类将这种物质性用于他们的目的时，在把天然存在的原始物质转化为完成了的人工制品时，据说就把构思和意义都投射于其上了。①

用一个在此语境中常用的术语来说（最初来自马克斯·韦伯），与我们祖先生活的有意义的、目的论的、神创造的现实相比，现代世界据说是“祛魅的（disenchanted）”。把这一点应用到我们当前的主题中，如何理解肮脏和干净这一哲学问题，是我们与物质环境的普遍的二重关系的结果。在我们的头脑里，我们不相信世界具有魔力，但我们的心和身体仍然践行着这种观念。此时此刻的任务是，看看如何弄懂这种未经反思的看法。

拜物教

在一篇论商品交易的文章中，人类学家阿尔君·阿帕杜莱（Ar-

① Tim Ingold, *Making: Anthropology, Archaeology, Art and Architecture* (London, 2013), p. 27.

jun Appadurai)想在这些困难中找到一条路。他问这样一个问题："什么使得一个对象有价值?""价值"不是一个物理概念，因此问题在于物理对象最初如何拥有了价值。无论如何，阿帕杜莱提出了"一个妙喻，即商品也和人一样有社会生活"。[1] 他批评了被他形容为"当代西方常识"的那些东西。

> 即使在西方也不总是这样……当代有个强大的趋势，就是把事物的世界看作是不动的和无声的，只有通过人类和他们的语言，才能让这个世界动起来和有生机，以及被真正地知道。[2]

作者呼吁，要重新审视现代的理论共识，并回归到被马克思描述为商品拜物教的看法上去。[3] 阿帕杜莱认为，要想有所收获，就应该将事物视为本身就有价值的东西，视这种价值独立于赋予它们价值的任何人类行为。

① Arjun Appadurai, 'Introduction: Commodities and the Politics of Value', in *The Social Life of Things: Commodities in Cultural Perspective*, ed. Arjun Appadurai (Cambridge, 1988), p. 3.

② Ibid., p. 4.

③ 马克思认为，商品拜物教是由市场机制造成的一种错觉。在这种错觉中，例如，商品的"价值"似乎会在没有对象本身发生任何变化的情况下波动。因此，他可以抗议说，"迄今为止，还没有化学家发现过珍珠或钻石的交换价值"[Karl Marx, *Capital*, vol. i, trans. Samuel Moore and Edward Aveling (New York, 1967), p. 83]。但是，马克思在对商品拜物教的讨论中，他运用了一种与交换价值密切相关的"价值"概念，因此只有在资本主义条件下才能完全适用，也就是说只有在这样一种生活形式中才适用：主导的生产方式是面向市场的生产方式(关于商品拜物教，ibid., pp. 71-83)。

即使我们自己对事物的态度必然是以这样的观点为条件的，即如果没有人类对它们进行交易、归因和驱动，事物是没有任何意义的。这里的人类学问题是，这种形式的真理并不能解释事物的具体的、历史的流通。因为我们必须追随事物本身，因为它们的意义被铭刻在它们的形式、用途、轨迹之中。只有通过对这些轨迹的分析，我们才能解释让事物活起来的人类的交易和计算。因此，尽管从理论的角度来看，人类行为用意义来编码事物，但从方法论的角度来看，正是被驱动的事物阐明了其人类的和社会的背景。对事物的社会分析（无论分析师是经济学家、艺术史学家，还是人类学家）都无法避免所谓的方法论拜物教。这种方法论的拜物教，重新关注事物本身，在一定程度上纠正了对事物交易进行过度社会化的倾向，正如雷蒙德·弗思（Raymond Firth）最近指出的，对此我们应该感谢马塞尔·莫斯（Marcel Mauss）。①

阿帕杜莱反对真正的"拜物教"，认为它与"形式真理（formal truth）"不相容。后者的意思是，从"理论"的角度来看，内在价值是不可能的。但他认为，即使现实中的事物本身没有价值，在实践中人类学家也需要像有价值一样对待它们。否则，在许多情况下，不可能理解人们为什么想要拥有它们。从行为主体的角度来看，事物之有价值，不是因为它们是按价格交易或者买卖的，而是因为它们是有价值的。出于这个原因，阿帕杜莱希望坚持一种观点，他称之

① Appadurai，'Introduction'，p. 5. 着重号为原作自带。

为方法论的拜物教。

为什么他认为“真正的”拜物教必须被拒绝？阿帕杜莱认为这是不言而喻的。他显然认为这是逻辑的结果：物理的事物或对象的概念与内在价值的观念是完全不相容的。有一个哲学术语可以解释似乎存在于他头脑中的那种逻辑矛盾（即使他没有在这里使用这个术语）。认为事物具有内在价值，可能牵涉一种被称为“范畴错误”的荒谬。说物理事物可能有内在的价值，就如同说正方形可能是圆的。有人可能会说：正方形的概念排除了圆，而物理事物的概念排除了内在价值。

如果这是真的，那么“方法论的拜物教”呢？阿帕杜莱认为，尽管如此，在研究中，我们必须表现得仿佛事物具有内在价值一样。我的问题是，理论和方法之间的这种分裂是否可以理解。我们真的能“装作好像”一个逻辑上矛盾的观念是对的吗？例如，我们能装作好像一个正方形是圆的吗？如果我们认为这在逻辑上是不可能的，那么我们是否可以装作好像物理事物有内在价值？阿帕杜莱认为我们可以如此，而且在实践中必须如此。

正如我所见，这里的问题正在于此。一种逻辑上不可能的状态不能就简单地排除在外。说这在逻辑上是不可能的，就是更进一步地说，我们甚至不能前后一致地思考，如果这是真的，那会是什么样子。如果圆的正方形在逻辑上是不可能的，我们无法想象一个圆的正方形会是什么样子，因此我们不能装作好像有一个圆的正方形。同样，如果在逻辑上物理事物可能具有内在价值是不可能的，那么我们就不能想象或装作好像它们有内在价值。总之，如果“真正的拜物教"被排除在外，因为它逻辑上是不可能的，那么阿帕杜莱的"方法论的拜物教"也必须如此。反之，如果方法论的拜物教是可能的，那么真正的拜物教也是可能的。我对此的建议是：我们不应该简单地假设这些问题已经通过"逻辑"在我们的头脑中得到解决了，我们应该面对不同的观念，看看在什么情况下我们可以弄懂它们的意思。

让我们来讨论圆的正方形(round squares)。我可以指给你们看，世界上有几个圆形的广场(round squares)，开罗的解放广场(Tahrir Square)和巴黎的星形广场(Place de l'étoile)是其中最著名的。"嗯，是的，"你回答道，"但这不是我所说的'正方形'。我说的是，几何意义上的正方形不能是圆的。"在告诉我这一点时，你会强调这样一个事实，即你和我共享一种实践，也就是欧几里得几何，在这种实践中，某个表达("圆的正方形")没有任何意义。现在想一下"一个对象不能有内在的价值"这个表述，这里也可以具体指一种知识实践，在这种实践中，这个表述是正确的；也就是伽利略之后西方物理学的知识实践。换句话说，我们说(除了测量"值")"价值"不是物理概念，基本上是因为目的论在物理学中没有位置。物理学并不是我们碰到对象或事物的观念的唯一场合。我们会说它是最重要的场合吗？在这里不需要解决这个问题，但无论如何，从阿帕杜莱自己的描述中可以明显看出，在某些情况下，认为物体具有内在价值，这一点对我们来说是可能的。无论是对是错，都不能被"逻辑"事先排除在外。

收藏家可能会极其渴望给他的收藏添上某个古董，并且可能会坚定地相信它的价值。他想要它是因为它有价值，抑或它有价值是因为他想要它？在这种情况下，外部观察者不需要区分“他想要它”这个事实和“它是有价值的”这个假定事实：应用一个公式就足够了，任何想要的东西都是有价值的，或者——

某个事物的价值，

就和它将会带过来的一样多。①

另一方面，从收藏家的角度来看，这种关系是反过来的。这件东西不是因为他想要而有价值的，而是，他想要它是因为它有价值。这样的情况也不是不可能想象：真正有价值的东西被藏在阁楼里，或者被扔到垃圾堆里，而没有人想要它们。在这里，人们可以扭转形势，和鞠冉·托库拉(Göran Torrkulla)一起，当一个收藏家，有了浓厚的兴趣，“也就是我们所有人共有的能力的一种表达，在最一般意义上领会我们环境中的事物；同时也纠正超脱的人为学术态度，或者纠正我们通常只是半心半意的投入；不仅要给我们精神食粮，还要让我们为自己感到羞耻。”②

正确的态度是什么？这个问题必须取决于境况和人们对它怀有何种兴趣。例如，有可能批评某人对物质财产有过分的兴趣，就

① Marx, *Capital*, vol. i, p. 36, fn. 4, attributed to Butler.

② Göran Torrkulla, *Om mötet med konst som en dialektik mellan tilltal, gensvar och ansvar, eller om konsten som en dialogskapande vägkost*. 讲稿，Åbo Akademi University (Åbo, 2004)。

像有可能批评他们忽视物质环境或不会欣赏物质环境的美丽一样。勒・柯布西耶(Le Corbusier)在呼吁简单、实用的室内设计时，谴责了流行的品位，这种品位“迎合”我们的贪婪，并创造了一种“纪念物崇拜”，以掩盖不肯扔掉无用之物的懦弱和粗心。[①] 他的态度与托库拉的完全不同，但他也把我们与事物的关系看作是一种道德关系——在这种情况下，这通常包括虚假的多愁善感和对美丑的无力区分。另一方面，在研究中，找到最佳理论分析是一个方法论问题，对此人类学家、经济学家和其他学者需要就事论事地来解决。在此时，对于物质事物，目的论的观点绝无可能立即被当作是矛盾的而予以否定，简单说明这一点就足够了。

事物与对象

但是，对象怎么能包含意义呢？这种看法里面必然包含了某种矛盾，因为有一个基本的观念，一个对象——一只鞋、一把刀、一个信封——本质上都是物质的集合，而物质似乎根本全无意义。[②] 如果这个问题用这种方式来表述，看起来似乎只有两个答案是可能的。要么我们对物质世界的意义的感知终究是一种错觉，要么意义

---

① Le Corbusier, *L'Art décoratif d'aujourd'hui*, 1925 (Paris, 2008), p. 191. 本书作者自译。

② 约翰・塞尔(John Searle)在唯物主义心灵哲学的语境中提出了基本相同的问题。他的问题是，这个根本全然没有意义的世界是如何被意义包含进来的。John Searle, *Minds, Brains and Science* (Cambridge, MA, 1984), at p. 13.

通过某种非物质的东西以某种半神秘的方式注入物质世界。这两种解决方案对我来说都不太满意。把它们统一起来的是一个未经检验的假设，即存在着一个东西，叫作“物质世界的本质”。

我同意物质事物是物理对象，或者换句话说，它们具有物理性质。但这么说几乎等于什么也没说。事物“具有物理性质”是什么意思？具有物理性质不是事物的另一个属性，而是指所讨论的事物是一个物理研究的可能对象；换句话说，针对它提出某些问题是有意义的。问一把刀由什么材料制成是有意义的，这么问一个电话号码则毫无意义：这表明一把刀——和电话号码不同——是一个物理对象。同样，如果我们想知道刀有多长，我们可以使用测量杆，但是数字的长度（抽象对象，而不是物理对象）是以数字而不是英寸来计的。

在《哲学研究》中，维特根斯坦思考了“每根杆子都有长度”这个说法。这不是一个经验的发现——不是说我们迄今为止所检查过的每根杆子都有长度——而是维特根斯坦所说的“语法命题（grammatical proposition）”。[①] 杆子（与球相反）就是我们所说的有一定长度的东西。这不仅是关于我们如何在讲话中提及杆子的一个说法，而且涉及我们利用杆子来测量距离的事实。这样，“有一个特定的长度”不是杆子的性质，而是更像我们对杆子的要求，而要求本身就是一个我们实际参与其中的特点。我们可以说，物质环境具有几

① Ludwig Wittgenstein, *Philosophical Investigations*, ed. G. E. M. Anscombe and G. H. von Wright, trans. G. E. M. Anscombe (Oxford, 1953), i: § 251.

何性质，这意味着我们可以有意义地以这种方式参与其中。它预设了环境中的稳定性（这样事物就不会以出乎意料的方式改变形状），它预设了我们以及我们的测量杆子的稳定性。同样，说我们生活的世界是“物理的”，也仅仅是说，就（许多）对象提问物理问题是有意义的，这包括进行某种测量和探究。另一方面，物质世界是物理的，这并不意味着物理学穷尽了关于物质事物可能被问到的问题。

此时，思考物理对象的概念是很有启发性的。在这个概念中，隐含着什么样的实际关联？在英语中，“object（对象）”和“thing（事物）”两个词几乎可以互换使用，但可以找到特定侧重点的差异。总的来说，“object”是在抽象或科学背景下讨论对象时的首选词，而“thing”通常代表有形的、普通的对象——例如，人类学家蒂姆·英戈尔德在他的书《制造》（2013 年）中使用了“事物”和“对象”之间的系统区分。把一张桌子、一个麦片碗和一个牛奶罐当作事物而不是对象来看待，就是把它们置于彼此联结的关系之中。它们通过早餐活动相互联系，这种联系“为接下来的活动确立了一套动作编排，从你坐下吃饭的那一刻开始表演”。[①] 英戈尔德进一步讨论了海德格尔的文章《物》（*Das Ding*）。哲学家首先从独立性的角度来确定对象（Gegenstand）和事物（Ding）之间的区别：一个事物是“站着”自立的，而对象只能被定义为“对立于”主体，或处于和主体的关系中，相

① Ingold, *Making*, p. 70.

对于主体它们是对象。[①] 此外,事物和接近有关,它有一个"聚集"功能,通过这个功能,它成为人类居住的世界的一个焦点。[②]

在他的文章中,海德格尔使用了"Gegenstand"这个词,依据上下文,它被合理地翻译为"object"。然而,德语不仅区分了 Gegenstand 和 Ding,而且区分了 Objekt 和 Gegenstand,前者听起来更抽象,后者更具体和日常。因此,在其他情况下,对 Gegenstand 的正确翻译可能是"thing"。就我自己而言,什么时候用"对象(object)",什么时候用"事物(thing)",我并没有试图进行系统化区分,因为在我看来,想对现有的用法做任何事,都为时已晚——更用不着以海德格尔的方式追溯到假定的原意。争论中的这些区别可以用其他方式来确定。可以这样说,对于一个特定的事物、一个普通的对象或 Gegenstand,它就是"生命之流中的一个对象"。通过辨认出一个罐子是牛奶罐,而不仅仅是一个空的对象,我们隐隐把它放在一个想象中的关联环境中。相反,关于如何定义某个对象的分歧和不确定性表明,为其找到合适的情境,存在着某种困难。一个我们根本认不出的对象落在了生命之流的一边,所以它现在成了一个"纯粹的"物理对象。

理论科学有意拿"纯粹的"对象开刀,因为对象的日常使用环境

① Martin Heidegger, 'The Thing', in Martin Heidegger, *Poetry, Language, Thought*, trans. A. Hofstadter (New York, 1971), pp. 163-84, at p. 165; Martin Heidegger, 'Das Ding', in Martin Heidegger, *Gesamtausgabe*, Band vii: *Vorträge und Aufsätze* (Frankfurt a. M., 2000), pp. 167-87, at p. 168 [159].

② Heidegger, 'The Thing', pp. 172, 179; Heidegger, 'Das Ding', pp. 176 [167], 182 [174]; Ingold, *Making*, pp. 85-6.

引不起科学描述的任何兴趣。然而，我们在这里需要看到的是，物理对象的科学概念是一种出于理论目的的抽象。它属于科学理论，但这并不意味着物质事物在这个意义上才是真正的、本质的或主要的“纯粹对象”，只不过后来才被赋予了意义的“主观色彩”。[①] 相反，人类似乎有可能对环境采取(至少)两种立场，让物理环境成为一个中立的物理对象的集合，或作为一个有意义地联系着的、具体的事物的网络。在后一种观点中，对象不仅具有目的论，而且在某种意义上，它们是由其目的论所定义的。举个例子：一个臭鸡蛋可以用化学分析来描述。但对我们理解它是什么样的一个对象，还有一点也很重要，即它存在于一个连续的时间中，通过一个隐含的理想状态(一个新鲜的蛋)和对那个状态的偏离之间的对立来定义。

遇见环境的这两种方式——作为“事物”或“对象”——哪一种是正确的？此时，作为一个**总括性的**问题，我似乎不再有理由问我们是否有“权利”认为事物是具有目的论的。说事物“具有”目的论性质，不过就是说，我们与它们的联系发生在目的和意义的层面。与其问这些性质是否真的存在，我们不如问一问目的论在什么情况下展开，以及它们如何进入我们与对象的关系之中。我对此的分析是：“无生命”对象的目的论既依赖于我们，又独立于我们。一方面，我们通过参与事物来给予它们生命；另一方面，我们只有到了第二幕才能进入场景。作为人类，我们出现在这样一个世界，世界中的对象总是具有目的，独立于**我们**可能有的任何想法而等待着我们。

① Martin Heidegger, *Being and Time*, trans. John Macquarrie and Edward Robinson (Oxford, 2001), p. 101 [71].

在任何一个个体的日常经验中,日常对象理所当然是有目的的。

地方与空间

在卡尔·马克思的早期著作中,特别是在他的《关于费尔巴哈的提纲》中,他试图诊断与对外部世界的感知相关的哲学问题。他认为这是当时各种哲学唯物主义的固有特征(由费尔巴哈提出,而费尔巴哈是他哲学的攻击目标)。马克思认为,唯物主义的弱点在于它没有"把感知理解为实践活动",而只是作为一种关系,在这种关系中,一个外部的、独立的对象世界倒映在一个"沉思着的"主体的心灵之中。[①] 另一方面,从马克思的观点来看,哲学唯心主义的重要贡献在于它的洞见:心灵不仅仅是一块从外部吸收印象的干净石板。心灵有一只手,在创造着它所感知的世界。在这个意义上,外部世界是通过它而产生的,主体必须根据自己的认知结构来感知现实。获得关于现实的知识就要是熟知现实,这就意味着要参与现实。但是马克思抱怨说,唯心主义者,即使他们理解这一点,也只是"抽象地"阐释了这个问题,忽视了"感知的真实活动"。

在这 170 年的时间里,哲学的总体格局发生了变化,特别是绝对唯心主义,作为马克思审视的两个主要对象之一,已经不再是一

① Karl Marx, 'Thesen über Feuerbach', in Karl Marx and Friedrich Engels, *Werke* (= MEW), Band iii (Berlin, 1978), pp. 5-7, Thesis 9, p. 7. 本书作者自译。

种主导学术的哲学。另一方面，他所批判的那种唯物主义仍然被广泛地宣扬，典型的标题是“自然主义”和“科学实在论”。马克思在他的论文中写道：

> 从前的一切唯物主义（包括费尔巴哈的唯物主义）的主要缺点是：对具体事物（der Gegenstand）、现实、感性经验，只是从对象（Objekt）的或者沉思的形式去理解，而不是把它们当作感性的人的活动，当作实践去理解，不是从主体方面去理解。这就是为什么，和唯物主义相反，能动的方面却被唯心主义抽象地发展了——当然，唯心主义是不知道现实的、感性的活动本身的。费尔巴哈想要研究思想对象，确实是不同的感性对象，但是他没有把人的活动本身理解为指向具体事物的（alsgegenständliche Tätigkeit）活动。[1]

在这一段中，马克思转换了哲学的场景，不再从本体论的角度提出唯心主义和唯物主义的对立，也不再提现实是由什么样的物质（精神或物质）构成的问题。他把主要的对立，用与环境的积极与消极关系来界定，用他自己的“辩证”唯物主义来反对传统的“沉思式”唯物主义。[2] 在对环境的实际参与过程中，人类用自己的形象以两种方式重新创造环境：一种是根据人类的需要引入变化；另一种是

---

① Marx，‘Thesen über Feuerbach’，Thesis 1，p. 5. 本书作者自译，着重号为原著作自带。［中译参考《马克思恩格斯全集（第三卷）》，中共中央马克思恩格斯列宁斯大林著作编译局编译，北京，人民出版社，1998 年。——译注］

② “辩证唯物主义”似乎是后来对马克思主义哲学的一种称呼，但它确实抓住了马克思所做工作的一个重要部分。

人类因参与环境而形成了对外部现实的概念。根据“我与环境的关系就是我的意识”这个原则，[①]核心概念是人与自然的关系和实践或曰 praxis，也被理解为积极参与。这些概念同时呈现了人类环境，既有客观的(即独立于人类思维的)，也有主观的(即人类意识活动的结果)。在《关于费尔巴哈的提纲》中，“对象”(Objekt)和“具体事物”(Gegenstand)之间的对比表明了这种对物质实在的新看法，这种对比给英译者带来了一定的困难。[②]

挪威哲学家雅各布·梅洛(Jakob Meløe)与马克思很像，但也借鉴了海德格尔和维特根斯坦的相关思想，他在对地方这一概念的讨论中呈现了一种类似的辩证法。在他论“地方”(“Steder”)的文章中，他问什么构成了一个地方。[③] 梅洛动用了各种不同的例子。几何空间原则上可以分为任意大小的任意数量的区域，这就是为什么从数学上回答“这个棋盘上有多少个位置(place)?”答案会是“只要你想要，多少个都行”。然而，一个棋手会回答：“六十四个方块，不多也不少。”只要没有说明为什么会提出这个问题，答案就是任意的，但是一旦我们进入象棋活动，那就只有一个正确的答案。

---

① Karl Marx and Friedrich Engels, ‘Die deutsche Ideologie’, in Karl Marx and Friedrich Engels, *Werke* (= MEW), Band iii (Berlin, 1978), pp. 9-521, at p. 30.

② 互联网上可用的翻译把最后那个短语“gegenständliche Tätigkeit”翻译成“objective activity(客观活动)”，这种翻译没有遮蔽对有别于 object 的“Gegenstände”(concrete things，具体事物)的隐含引用。见 Karl Marx, ’Theses on Feuerbach’, trans. Cyril Smith, 1978, at www.marxists.org，访问日期：2016年6月8日。

③ Jakob Meløe, ‘Steder’, *Hammarn*, 3 (1995), pp. 6-13.

梅洛进一步分析了挪威渔民的港口这个概念。在文章《挪威北部的两个景观》(*The Two Landscapes of Northern Norway*)中,港口被描述为一个自然或人造的结构,在那里土地与水相遇。水深、潮水涨落、海底的土质、盛行风向、其他情况与船舶性质结合起来看,以确定一个地方是否算作港口。你可以发现一个天然的港口,但你也可能看错它了,这表明在某种意义上港口是独立于人类观点的。然而,同时,港口的概念依赖一种特殊的生活形式:这种生活与航海船舶有关,船太大,无法被船员拉上岸。在一个没有这种生活的世界里,就不会有港口,就像在一个没有人寻求庇护的世界里,就不会有庇护所一样。

只有在(由)这个实践构成的世界中,这片物质(其中一片液体物质与一片固体物质相连)才会呈现为一个对象,即这个港口。它的呈现方式源于这种实践。因此,探究港口这个概念的方法是:将自己置于该对象所属的实践中,然后探究该对象及其对该实践的贡献。如果一个对象本质上属于一种实践,就像港口一样,同样的还有锤子、硬币、支票、国王的权杖等,那么这个对象的概念,就是我们对这个对象对它所属实践的贡献的理解。①

这段话没有使用"事物"这个词,但作者显然已经想到了马克思、英戈尔德和海德格尔称为之"事物"的东西。无论是实践,还是

① Jakob Meløe, 'The Two Landscapes of Northern Norway', *Inquiry*, xxxi (1988), pp. 387-401, at p. 393. 着重号为本书作者所加。

有助于实践的对象或事物，都不应该跑出人的视线之外。对象或事物是由概念所区隔的，而概念则由实践所建构。在提供这些描述时，梅洛希望阐明海德格尔关于 Zeug 的相关概念，这个词被翻译为“有用的事物”或“设备”。① 梅洛的重要例子是渔船，渔船通过参与功能性的实践活动而获得其意义，同时对塑造这种实践有所贡献。

> 这个例子说明了世界是如何通过我们在世界上的活动来接收地方和形式的。它也是这样一个例子，说明了如果不同时描述我们活动的这个世界，我们就无法描述我们在世界上的活动。它是这样一个例子，说明我们在世界上的活动如何为我们的语言提供了概念，诸如一个可以(乘船)去拜访的地方。②

梅洛认为，在描述世界时，我们运用了许多根植于我们活动中的概念，同时，我们对活动本身的描述涉及世界上的现象。这样，在描述一个设备的例子时，我们必须继续描述该设备的使用，并进一步考虑让设备**成为**设备的那个世界的状况：“因为，通过思考一个设备的例子……从逻辑上讲，你会被引导去思考让它成为设备的世界的状况。③ **单独**一艘渔船——没有渔具，也没有港口和渔场，没有

---

① Meløe，‘Steder’，p. 8. Zeug 的多种英译，见 Martin Heidegger，*Being and Time*，p. 97 [68]，fn. 1 and Martin Heidegger，*Being and Time：A Translation of ‘Sein und Zeit’*，trans. Joan Stambaugh (Albany，ny，1996)，p. 64 [68]。

② Meløe，‘Steder’，p. 8.

③ Ibid.；亦见于 Heidegger，*Being and Time*，p. 97 [68]：“严格地说，没有‘单个’设备这样的东西。对于任何设备的存在，总要有一个设备的整体，在这个整体中，它可以是这样一个设备。”

依靠它谋生的人——将失去它作为渔船的身份。"

在这一点上，我们应该警惕梅洛所提出的理解过于肤浅。最重要的是，他并没有利用好表象和实在之间的区别。正是在这种区别中，我们所看到的世界和本质上的世界形成了对比。当一个地点被定义为符合航海生活模式的港口时，这不是简单地意味着海员为了实践目的，在一个隐含的、独立存在的空间中划出了某些部分。这样的话，就是假设一个原初中立的世界的存在，而海员后来才根据他的概念来分类。然后我们将面临一个问题，即如何定义原初中立的实在。很明显，海岸线可以用多种多样的方式描述，从渔民的角度来看，其中许多海岸线可能看起来很中立，或者可能什么也告诉不了他——例如，只使用几何学的概念时。无论如何，梅洛的主要观点是，即使是中立的描述也与境况和实践有关，在这些境况和实践之内，这些描述是中立的；可能土地登记处的测量员或办事员的境况和实践就是如此。一种特定的实践——例如土地测量或捕鱼——将以某种方式为我们打开这个世界。它将创造一个世界，把属于所讨论的实践的地方和事物都囊括在内。

教训并非在于，我们都是个体，每个人都被封闭在他或她自己创造的世界里。关键问题是，生活中的各种境况使我们所有人能了解世界的各种特征。世界根据我们的生活方式和我们对它的兴趣类型，向我们开放其特征和地方。笛卡儿之后的几何学图形以空间中的点或面表示位置。另一方面，古代几何学仍然主要是用位置而不是用抽象空间来定义的——拉丁词 spatium 表示两个地方之间的距离。在当前环境问题的背景之下，想起地方而不是空间可能更为恰当，因为它允许我们主张保护整个环境和栖息地，而不是某些生物物种或某些历史建筑。这凸显出我们就如何理解某个地方的终极目的(telos)达成一致，是很重要的。

一位暑期的游客，看到一个湖泊因富营养化而在被慢慢填满，他看待它的眼光，会不同于田在湖边的农民。[①] 游客们希望停止富营养化，让湖泊恢复到“自然”状态。农民可能认为土地的增长是一种“自然的”、缓慢的变化，已经持续数十年了。粪肥对游客来说是一种异质的、污秽的物质，但对农民来说却不是，对他们来说，它是一种赋予生命的元素。当他们对所讨论的地理区域进行详细说明时，他们可能会有不同的想法。对于游客来说，湖本身就是他活动的中心，但对于农民来说，也许田地才是中心，湖是外围。在某种意义上，游客和农民生活在不同的世界里。然而，这并不妨碍他们相互理解。通过更多地了解游客的世界，农民将学会理解游客。但也要注意另一件事：通过学习理解农民的世界，游客将更多地明白，以游客的身份待在某个地方意味着什么。

经验的世界

也许有可能作出这样一个总体陈述：这个世界将永远，至少是在暗中，被描述为这种或那种“生活的”世界。辨识环境的属性，意

① Kaisa Pennanen, ‘Humanistisesta paikan tulkinnasta ja lian käsitteestä’, *Alue ja ympäristö*, iii/1 (2004), pp. 55-61.

思就是理解它们是如何进入生命之中的，而正是生命让这些属性呈现出来。一个几何的世界是根据空间广延来定义的，这些概念暗含了测量的观念。作为一种实践，测量是社会背景的一部分，但前提是对象——包括我们的身体和量尺——的物理稳定性。最后，相关种类的"物理稳定性"，是由使用中的测量方法来定义的。因此，为了理解几何性质是什么，我们必须预先假定测量的实践，以及一个"适合"我们测量实践的世界。最重要的一点是，属性或对象与实践之间是一种相互定义的关系。

让我们转向肮脏和污染：即使道格拉斯在许多方面可能受到批评，她有一点肯定是对的，就是指出我们关于肮脏的经验从来不是一个孤立现象。从肮脏的角度来思考世界，就是要进入一个体系，进入一个经验空间。根据上面所勾勒的辩证法，这个经验空间可以从两种角度来描述。一方面，有肮脏的和干净的对象的世界是一个有特定的特征属于对象的世界，从而就有了特定的实践；另一方面，这是这样一个世界，在其中我们跟对象的实践是这样的，它们使对象的某些特征出现。

把一个物体描述成是肮脏的，意味着定义了它在一个生活环境中的作用；因此，这个看似简单的哲学问题——肮脏是否真的存在于这个世界上——作为一个一般性问题是没有意义的。这种询问应该用这种形式重述，"在什么情况下，认为某个对象具有这样那样的性质，这是有意义的?"

身体之舞

"将自己置于该对象所属的实践中，然后探究该对象及其对该实践的贡献。"[①]在对肮脏和污秽的一项研究中，从字面上按照梅洛的建议，就是要确定那些实践，即那些赋予对弄脏的评判以意义的实践。然而，这不是一条行得通的前进路线。

弄脏的概念和港口的概念之间的一个重要区别是，港口与一个相当容易识别的活动范围相联系，而这不适用于肮脏、弄脏和清洁。在这方面，后者更像是"地点"这个一般概念。我们可以想象一个没有航海、没有港口的世界，却无法想象一个没有地点的世界，除非这是一个没有人居住，也没有人做任何事情的世界。在一个作为回应的思想实验中，我们无法把每项涉及肮脏和干净概念的实践都抹除，最终却仍然期望被认为是一种人类的生活方式。这种生活形式让"肮脏的"和"干净的"展现为性质，它自己也应该被理解为许许多多实践（几乎所有实践，要我说的话）的一个方面，这正是为什么我们似乎不可能想象一种完全没有清洁概念的文化。另一方面，我们可能会试着多说一些，对清洁的关注如何成为我们各种实践的一个方面。

在这里，想一想西蒙娜·薇依（Simone Weil）和她对感知的看

① Meløe, 'The Two Landscapes of Northern Norway', p. 393. 着重号为原著自带。

法，是很有启发的。在她的《哲学讲稿》中，薇依提出了一个观点，人类通过自己身体给出的反应来感知对象，这就是为什么对自然的感知是"一种舞蹈"。[①] 例如，双手捧着一本巨大的书时，我们感觉到这本书是一个统一的对象，它需要我们的双手同时移动。[②] 现在想一下清洗水槽表面涉及的问题：对拿起湿抹布的恶心感；用抹布打湿水槽表面，并用指甲刮去污渍；同时避免污水弄到衣服上。穿上围裙可以让你更靠近湿哒哒的表面，更有力地使用你的手臂。完成后，你会十分满意地看着这个结果，呼吸着令人安心的清洁剂气味。我们与肮脏表面的许多关系被各种各样的吸引和排斥反应影响着。要不是有这种舞蹈，我们对肮脏的概念将会和它的本来面目完全不同。但舞蹈也可以从相反的角度来看待，因为这种舞蹈也确实有一种统一性和秩序性，这是由它的对象决定的，也就是对肮脏的去除。事实上，现存的肮脏让其自身的吸引和被反感都有迹可循，否则你的动作会像一出哑剧、一场没有球的足球比赛、一次没有孩子的施洗礼。

一个男人不安地在他的公寓里走动，拿起书，打开，又把书放回原处，把废纸篓倒扣过来，清空抽屉和架子，很快又把所有东西放回原处。发生了什么事？如果我们知道他在找什么，这一切都说得通。而且，他的动作模式暗示了他想要的是哪一类东西：收据、信件，而不是气球。对象的统一性赋予了这些动作以意义和串联的线索。这种搜寻遵守一种模式，因为收据只能以为数不多的几种方式

① Weil, *Lectures on Philosophy*, p. 52.

② Ibid., p. 50.

存在及可能被弄丢，因此检查天花板根本不会是搜寻行动的一个可能选项。

很类似地，清洁水槽的正确方法取决于水槽可以用哪种方式被弄脏。从这个意义上说，弄脏是这样一个事实，它能解释清洁的模式。另一方面，似乎存在着一个区别。因为也可以说，所谓“弄脏”在某种程度上取决于我们的反应和现有的清洁方法，这就是为什么我们不能把“弄脏”从清洁实践中抽象出来进行真正地定义。相比之下，说我们不能从搜寻收据的方法中把“收据”抽象出来进行定义，这似乎不太对，即使收据一般都保存在安全的地方，它们可能会被弄丢和寻找。然而，如果我们从来没有对肮脏的对象作出反应，也不想清洁它们，我们就不会真的像现在这样拥有肮脏这一观念。

在这个时候，我们遇到了一种不容易解决的辩证法，实际上我认为我们不应该试图解决它。它有一半的意思是，如果不考虑我们如何处理肮脏和干净的事物，我们就无法理解“肮脏”和“干净”的含义，因此这些概念只存在于以某种方式对环境作出反应的存在者中。辩证法的另一半表达了，我们不能描述这些反应，除非我们预先假定肮脏和干净之间已经存在着对立。

最后，同样的一系列论据也可以用来批评这样一种观点，对弄脏的评判实际上只是表达了人类的主观（文化上或生物学上产生的）恶心感。这里要提出的问题是，我们如何对所讨论的那种感觉进行辨别和个体化。拿起脏抹布时的颤抖感与咬铝时的感觉有何不同？这两种感觉都可以说是不适。区分它们的一个简单方法当然是详细说明感受到了什么感觉，但是在这种情况下，我们不再仅仅谈论感觉，而是谈论引起这些感觉的事物。如前所述，争论的循环自己闭合了；不适感是我们与弄脏之关系的一个典型特征，但为了明确这是什么样的不适，我们需要回顾一下"弄脏"这个事实。

主观的还是客观的

总结一下，我们得出了两个结论。第一，肮脏的存在是因为某些态度和行为模式的存在。第二，这些态度和行为模式的存在是因为肮脏的存在。我的论点是，硬币的任何一面应该要作出解释，因为是把一个世界描述为肮脏的和干净的，还是在一个肮脏的和干净的世界中描述生活，到头来都是一回事。肮脏和弄脏属于一个包含"事物"而不是"对象"的世界，尽管这并不是说只有事物才是肮脏的；人、动物和植物也可以是。

但是，也许读者仍然认为有一个问题没有解答：对象在客观上是否具有目的论和"物性"，抑或这仅仅是人类往对象上加入了自己的理解？在这一点上，我只有一个简单的愿望，希望这个问题不再让任何遵循我推理的人觉得事关重大。因为核心目标正是以这种一般形式解决这个问题。作为感知的主体，我们的感知和判断一方面取决于主观方面（如人体构造、我们的文化和我们慢慢形成的特定个性），另一方面取决于客观方面，与我们在感知活动中遇到的对象的特征有关。然而，这一总体区别在特定情况下的意义并不是不证自明的。在一个具体的例子中，我们如何区分什么属于这样的客观对象，什么是我们添加的东西？在这个节骨眼上，在实在主义者和反实在主义者之间早已存在的消耗战中选择立场是没有用的，这场冲突已经在科学哲学中引起了极大的热度和混乱。这里将对《关于费尔巴哈的提纲》中的两个条目进一步进行比较。

人的思维是否具有客观的真理性，这不是一个理论的问题，而是一个实践的问题。人应该在实践中证明自己思维的真理性，即自己思维的现实性和力量，自己思维的此岸性(Diesseitigkeit)。关于思维——离开实践的思维——的现实性或非现实性的争论，是一个纯粹经院哲学的问题。……凡是把理论引向神秘主义的神秘东西，都能在人的实践中以及对这个实践的理解中得到合理的解决。[①]

如果我正确地理解了马克思，他不是在告诉我们：忘记客观性，让我们做些实际的事情来代替——来场革命怎么样？但是，把他解释为这样一句话，并不会太离谱：实在和真理的概念并不是指形而上学的实体，而是指用来解决问题的思考工具。甚至很难想象严肃的思想不是设法以真理为导向的；也就是说，我们无法想象有一种思想，它根本无力区分真实和仅为表象或想象的东西。说出那一点是一回事；断言我们所有关于实在的问题都机械地适用于相同的、

① Marx, 'Theses on Feuerbach', *Theses 2 and 9*, pp. 5, 7.

同一的和不变的区别，这是另一回事。[1] 思考以真理为目标，这种泛泛之论不会推动我们走得太远，除非我们在人类思维和行动的特定领域中研究出它的应用。同样地，真信念与实在相一致，这个观点必须用一种理解作为补充，那就是对于特定背景下的特定信念而言，与实在相一致或不相一致，这意味着什么。[2] 也就是说，我们必须能够将它置于实践的体系之中。

一旦人类和环境之间建立了一种特定的关系，干净和肮脏之间的区别就是真实的区别，如果你想这么说也可以。然而，在哲学争论的语境中，“一种特定的(certain)关系”这个词在实践中往往代表着“一种不确定的(uncertain)关系”，也就是说，一种尚未明确的关系。[3] 人类的生活方式和参与方式是如何让世界以干净和肮脏的形式展开的？套用形而上学的语言：“弄脏”的先验条件是什么？

① 哲学家彼得·温奇(Peter Winch)曾说过：“并不是实在赋予了语言以意义。什么是真实的，什么是不真实的，从语言拥有的意义上表现出来。”换言之，我们学会实在概念的意义，是通过学习这一概念在语言中使用时的各类真正区别来实现的。Winch, ‘Understanding a Primitive Society’, in Peter Winch, *Ethics and Action* (London, 1972), pp. 8-49, at p. 12.

② Jonas Ahlskog and Olli Lagerspetz, ‘Language-games and Relativism: On Cora Diamond’s Reading of Peter Winch’, *Philosophical Investigations*, xxxviii (2015), pp. 293-315, at p. 295. See also Peter Winch, *Trying to Make Sense* (Oxford, 1987), p. 42.

③ 改述彼得·温奇(Peter Winch)的话，私人交流，1991年春。

第十章　修理与看守

人类作为迈达斯的反面(anti-Midas)[①]

一个肮脏和干净的世界，首先是一个我们操心着(care)的事物的世界，海德格尔有充分的理由将我们与环境的基本关系描述为一种操心，或者说是一种操劳(Sorge[②])。[③] 要理解这一点的影响，最

① 迈达斯是古希腊神话中的一位国王，被他触碰到的所有东西都会变成金子。——译注

② 英文原文为caring engagement，意思是"操心式的参与"；也有人把德语词Sorge翻译成"烦"。——译注

③ Martin Heidegger, *Being and Time*, trans. John Macquarrie and Edward Robinson (Oxford,2001), p. 235 [191].

简单的方法是思考相反的情况：有这样一个世界，抵制我们用干净和肮脏这样的术语分类对它进行归类。想一想未遭破坏的自然。我在森林里散步；在地上我看到一个鸟巢、一坨野兔的粪便、腐烂的树叶。突然出现一只被丢掉的橡胶靴。它是垃圾。它很脏，上面满是泥。但是泥泞的土地本身，糟蹋我鞋子的泥土——是脏的吗？如果是的话，在我到来之前就已如此了吗？这时候，人们可能会忍不住说，纯粹的泥，就泥土本身而言，只有在人脚底下才是肮脏的——这种看法将人的出现变成一种负面的点金术。用埃德温·贝凡(Edwyn Bevan)的话说："在一个无人居住的世界里，湿湿的黏土不会比坚硬的岩石更脏；黏土可能会沾在脚上，这就让它变成了污泥。"①

尽管如此，我们不应该被我们的想法误导，因为——事实上不仅是人类，还有许多动物都会自我清洁，并且因各种形式的弄脏而被干扰——我们必须要问，究竟为什么人类触碰的可能性"使得"物质脏了。物理变化涉及弄脏的过程，例如当黏土沾在表面上时，但很明显，关键的变化必须依据目的论来理解。人类(或有意识的生物)的出现在这种情况下是必不可少的，因为它带来一种看法，认为环境是自然和非自然的交汇点。我认为，关键的改变在于引入了可能的问题，这些问题在原初自然的状况下是不适用的，例如，"我能在不糟蹋鞋子的情况下走到这里吗？"

① Edwyn Bevan, *Hellenism and Christianity* (London, 1921), p. 154, quoted in Katherine Ashenburg, *The Dirt on Clean: An Unsanitized History* (New York, 2007), p. 279.

弄脏和污染可能发生在自然和非自然的相遇上，例如当沿海地区受到石油泄漏的污染时。自然本身也会通过接触非自然对象如衣服、鞋子或建筑物而造成污染。洁净和未受干扰的自然，这两个观念之间的联系以两种情况的结合为基础。

1.“自然”构成了“文化”的反面，因此包含了我们环境中的许多元素和影响，它们既不是由人类行为引起的，也不受人类行为控制——这当然就招来了一个问题，在我们人口稠密的星球上是否还存在着自然；是否还有环境仍然没有被人类涉足。然而，自然性不能被理解为与所有人的绝对隔离。相反，“自然”概念的有效性在于其对比效应。自然——或者更确切地说，自然的事物——是人类环境的一个方面，这意味着我们环境中的元素在某种程度上是自然的，它们不是被我们创造或控制的。

2.另一方面，在我们的物质文化的原则下，弄脏的主要对象正是需要人类干预的那类事物。对象呈现出干净或肮脏的样子，它们被清洁，并防止被弄脏，因为它们是值得操劳的对象。

这两个观点将文化与当前的自然并置。按照定义的描述，自然是原始的、未被触碰的，而文化则必然专注于保护和恢复对象的清洁。就自然而言，它被认为是未被触碰的，在这个意义上，它是纯洁的。被污染的自然不再是自然了，就像被整理过和“景观美化过”的自然不再是自然一样。显然，我们对于自然以及污染或弄脏的概念是一枚硬币的两面：我们视为没被污染和弄脏的东西，同样也就标明了我们认为正在讨论的环境中的“自然”是什么。

换句话说，大自然里没有肮脏，这个看法的意思不是说大自然是干净的(clean)，而是说大自然是洁净的(pure)。在这种原始状态下，完全外在于干净和肮脏之间的对比。天堂完全洁净，但并非因为夏娃的春季大扫除。恰恰由于这个原因,也可以用委婉语来形容弄脏,正是这些委婉语将弄脏与事物的自然状态——而非与人类的粗心大意——混为一谈。小说家尤里·提尼雅诺夫(Yury Tynyanov)在他描述普希金时代的圣彼得堡附近的土路时用了这一意象:他写道,未铺砌的道路散发着“来自创世之初的神圣尘土”[①]——在现代,这个措辞与乌克兰语中“圣土”(Sviata Zemlia)的表达方式相呼应,用于——例如——描述一件特别脏的衣服。[②] 这个比喻的核心显然来自《创世记》,在创世之初的那几天,没有进行任何清洁,但上帝仍然可以看着他所造的一切,并总结道:“确实,都非常好。”[③]

责　　任

未被触碰的自然的洁净性意味着,一个“自然”中独有的对象不可能是肮脏的主体对象。把非常大或非常小的对象——如太阳系或原子——描述成肮脏的,似乎也有违直觉。这似乎与干预的不可能性有关。你要如何擦亮一个原子或星系?

人与对象之间的物理距离扮演的角色似乎也很重要。肮脏和

① Yury Tynyanov, *Young Pushkin: A Novel*, trans. Anna Kurkina Rush (New York, 2008), quoted in Timo Suni, 'Tšuhnalainen automenodi', in *Toisten Suomi*, ed. Hannes Sihvo (Jyväskylä, 2001), pp. 196-242, at p. 210. 本书作者自译。

② Jerzy Faryno, 'Neskol'ko obšč ih soobraženij po povodu konceptov "grjaznyj/čistyj"', *Studia Litteraria Polono-Slavica*, iv (1999), pp. 59-62.

③ 《创世记》1 章 31 节(NRSV)。

弄脏只在一定的物理范围内有意义。当我们离得很远时，我们就会看不见、感觉不到或闻不到肮脏物；当我们逼近对象时，肮脏物就分解为微观的成分。当然，在这里，近和远不能简单地用几何学来理解，而是要用清洁活动能够参与其中的合适距离来理解。① 近和远的效应在一次名为“厨房梦（Kitchen Dreams）”的摄影展中得到了展现，我碰巧在我的家乡奥布（Åbo）参观了这次摄影展。② 展示的主题包括“玻璃杯中干掉的橙汁”“钢制的肉盘；汤勺与叉子”和“脏的塑料盘子”。艺术家维尔普·沃若拉（Vilppu Vuorela）和对象靠得极其近，但让相机对焦到对象之外，从而达到了彩色表面的装饰效果。

维尔普正坐在厨房里，看着干掉的橙汁、油腻的厨房水槽、脏的塑料盘子和天花板上的布满灰尘的灯。突然间，它们开始变得美丽起来。“我让我的目光在厨房的混乱中游走。我让焦点变得模糊，直到镜头后面的东西开始看上去变得讨喜。”他这样告诉我们。在照片中，污渍已经变成几乎无法辨认的、柔和的、美丽的光芒。水槽和塞子闪耀着紫光，果汁渍就像漂浮的行星或是一个漏出来的蛋黄。③

随着相机把焦点从近调节到远，观察者与物品的关系也随之改

① Heidegger, *Being and Time*, p. 135 [102].

② Vilppu Vuorela, *Kitchen Dreams*, exh. cat., Galleria Spectro, Turku (Turku, 2003).

③ Leena Pitkänen, ‘Sottakeittiö pelasti’, *Turkulainen*, 23 August 2003, p. 12. 本书作者自译。

变，这样它们突然之间就看起来不脏了。这位艺术家告诉我们，有一天早上，他简直不能再面对厨房里堆叠的未洗盘子，而正如一位评论家所说，他让厨房的门不再出现在他的焦虑之中。[①] 办一个摄影展是他的一种方式，用来处理自己（如他所见）夸张的完美主义和控制欲。

肮脏对象可能是生物、生物身体或身体部位（例如人、狗、头发），家居用品（餐具、工具、衣服、家具、照片），居住和运输的地方和空间（房屋和街道）。工作、职业、习惯和思想也可能是肮脏的。对于刚刚提到的大多数事物，似乎它们的部分定义是“某人的”：某人的头发，某人的家或某人的宠物。我们拥有的物质事物是由原子构成的，但这并不是说我们拥有原子。那些不属于任何人的事物——比如说，池塘里的死水、苍蝇——唯有当它们可能污损有主之物时，才常常被描述成肮脏的。

这里的重要特征不是法定所有权，而是如下事实：那些可能有其主的事物，也是受某人——不一定是特定的人，但仍然是某人——掌控的事物。此“某人”是保护这个对象或将其恢复到可接受状态所必需的。用形而上学的语言来说：肮脏的先验条件是责任。

思考一下这个也许不太寻常的家庭场景：

她：“这儿可真是够好看的！”（意思是：这里很乱，你应该整理一下！）

① Vuorela, *Kitchen Dreams*; Susanne Sperring, 'Han dokumenterade sitt smutsiga kök', *Åbo Underrättelser*, 14 August 2003.

他："你什么意思？"（意思是：如果这让你心烦，你就来整理！）

因此，对清洁度的判断差异可能与不同的视角有关：某人是否主管这件事，以及谁在主管。

对象之管理

苏珊·斯特拉瑟恰当地谈到了我们对对象的管理，对象与我们自己之间的相互关系，这也可以称为我们与事物订立的契约。[①] 缺少这种约定的物质文化是难以想象的，但据斯特拉瑟说，在前工业、前消费社会，这样的文化尤其引人注目。

在我们的大部分历史中，所有阶层和地方的人们每天都会向对象、创造它们所需的劳动以及制作它们所用的材料表示敬意……在工业化之前的美国殖民地和家庭中，之后在西部边疆，每个人都是

① 苏珊·斯特拉瑟在《废弃与需要：一部垃圾的社会史》（*Waste and Want: A Social History of Trash*，New York，1999）中把"对象之管理"作为第一章的标题（pp. 21-67）。勒·柯布西耶（Le Corbusier）也注意到了一个类似的观点，但侧重点完全相反。他指责传统主义者，在他自己的时代，把"我们的家变成了一个博物馆或寺庙，里面装满了献祭的礼物，我们的灵魂变成了一个博物馆管理员、一个看管人"。Le Corbusier[Charles－Edouard Jeanneret]，*L'Art décoratif d'aujourd'hui*，1925（Paris，2008），p. 191（also quoted in Stanislaus von Moos，'Das Prinzip Toilette. Über Loos，Le Corbusier und die Reinlichkeit'，in *Verlangen nach Reinheit oder Lust auf Schmutz? Gestaltungskonzepte zwischen rein und unrein*，ed. Roger Fayet（Vienna，2003），pp. 41-58，at p. 55）.

修补匠，保存和再利用废弃物是理所应当之事。布料、木材和食物只能通过艰苦的纺纱、编织、劈砍、锯切、挖掘和锄挖，通过与其他艰苦劳动的产品交换，或通过花费稀缺的现金获得。①

正如斯特拉瑟所指出的，她的描述基本上适用于任何地方，只要这些地方的人类生活于物质稀缺的环境之下——这在总体上可能被描述为人类的正常环境。例如，可以细想一下陈宁祖（Ningtsu Malmqvist）②写于1979年的这篇描述，写的是她姐姐在中国城市成都居住的那间公寓。她注意到没有任何垃圾桶，原因很简单，“除了炉灰，没有什么东西可以扔的。”③任何食物都不会丢掉，旧鞋、骨头、羽毛、破布等都会被流动商贩收购。

在前工业社会，节俭在经济上是明智的，但它也具有——同时具有——一个道德维度。古英语和中古英语中的“waste”意思是“荒芜的地区”，但当中古英语中引入替代词“wilderness（荒野）”和“desert（荒漠）”时，“waste”就开始有道德批评的意味了。作为动词，“to waste（浪费）”的意思尤指毁掉东西，即“通过损坏或糟糕的耕牧使一块地处于糟糕的状态”，而引申一下，它现在的意思是“不能充分利用某物”——因此，正如约翰·斯坎兰（John Scanlan）指出的那样，与此相联系的是，“‘人类是供全能的上帝差遣的’这种管理

① Strasser, *Waste and Want*, p. 22.

② 陈宁祖是瑞典汉学家马悦然（Göran Malmqvist）的第一任妻子，她婚后从夫姓，故名 Ningtsu Malmqvist。——译注

③ Ningtsu Malmqvist, *Ningtsus kinesiska kokbok* (Stockholm, 1988), pp. 12-13.

理念”。① 在这一点上，前工业化时代的家庭可以诉诸《创世记》，伊甸园被给了人类，“修理(dress)②并看守(keep)它”。不浪费的义务当然总是与人类的其他需求相冲突，例如，与休息的需求相冲突。

有一种文化，父母的旧衣服改一下给孩子们穿，鱼骨要煮成胶水，扔掉东西从来都是持家无方的象征——这种文化中的人与事物的关系，以及他们彼此之间的关系，不同于本书的大多数读者。一件你亲手做的衣服，或者埃德娜姨妈给你做的衣服，不会轻易被扔掉，就像扔掉一件来自一个未知国家的未知血汗工厂的衣服那样。像舒洁牌(Kleenex)这样的纸巾代表了另一个极端：专为扔掉而生产的人工制品。③ 这种“不存在的对象(non-objects)”不仅带来了一种新的清洁方式和自由，而且在一百年的时间里，它们拿下了越来越多的领地，埃德娜姨妈不断地向舒洁牌纸巾屈服。

在这条轨迹的另一端，我们已经可以想象一个所有事物都是一次性的世界：衣服、餐具和住宅，都是由塑料、纸板和纸制成，用过之后就扔掉。在一个完全由一次性产品构成的世界里，“肮脏的”这个词会改变含义，会仅仅作为“用过的”的同义词；东西不会再被清洁，只会被丢弃。无论如何，这种思想实验只能在一定程度上进行。存在着实践上的限度，因为至少制造一次性产品的工厂必须是耐用

① John Scanlan, *On Garbage* (London, 2005) pp. 22-3; *The Concise Oxford Dictionary of Current English*, pp. 1447-8 (waste).

② 《创世记》2 章 15 节(KJV)。另一种翻译(NRSV)：“The Lord God took the man and put him in the garden of Eden to till it and keep it.”(在中文《圣经》中，KJV 的译法接近新标点和合本的翻译，意思就是我们的译文所采用的“修理”一词；NRSV 则接近和合本修订版的翻译，意思是耕耘。——译注)

③ Strasser, *Waste and Want*, p. 187.

的，工厂需要检修和保持干净。而且，这个一次性使用的世界也有一个逻辑的限度，即便假设舒洁牌纸巾是从天而降的。这个世界上的居民将仍然是持久的，因此他们至少将会把肮脏的概念用于一个地方，也就是用于个人卫生。但是，那种生活与我们的生活仍然有着显著的不同——那会是天壤之别，如果我们能完全想象出来的话。有时候有人声称，使人成为人的，正是工具的使用，这一说法并不完全正确，因为在类人猿和鸟类中也观察到了使用类似工具的东西，如棍子、石头和类似物品。更接近于事实的是，把人类的诞生定位于如下时刻，即人类开始为下一次使用而保存他们的工具之时，因为这表示一种为它们操心的需要。① 总之，即使在未来的世界里，埃德娜姨妈也会有一席之地的。

废弃物和垃圾

苏珊·斯特拉瑟对历史的描述清楚地表明，废弃物——作为丢弃之物的一种无法区分的类别——是一种相对晚近的现象。在最近几个世纪的货币经济出现之前（至少在西方社会），不存在把东西扔进垃圾堆的普遍做法。劳动力和储存空间（特别是在农村）很充

① Oswald Spengler, *Der Mensch und die Technik* (Munich, 1931), pp. 28-30. 他认为工具和人类的手在历史上是同时出现的，而且，在使用工具和制造或改造工具之间的分化导致了在工具之间进行选择的可能性，这种自由被斯宾格勒认定为是人类特有的。

足，钱却不多。因此，为了将来的需要，所有甚至是略微有点用的材料都被保存下来。如果实在没有别的，有机物总是可以收集在粪堆里，然后作为肥料在耕作时进入菜地。因此，残余材料不是“废弃物”，而是留存下来以供二次使用的特定材料。

在对1830—1930年芬兰城镇垃圾处理的研究中，历史学家亨利·尼加德(Henry Nygård)指出，废弃物仍然是一种城市独有的现象。在1969年的一本手册中，仍然“隐含地表明农村没有‘废弃物’存在”。① 甚至在城市里，厕所里的粪便也被视为一种宝贵的资源：这里所显示出的关注点“主要不在于关于丢弃的问题，而在于相反的问题——人们认为这个城市未能提供足够数量的适宜肥料”。②

从历史上看，我们对对象的态度经历了一些变化，这些变化也许能通过语言转变来追溯。斯特拉瑟观察到，像“garbage”“rubbish”“refuse”“waste”和“trash”这样的词在今天往往被用作任何被丢弃的无用材料的同义词。③ 但这是一个新的发展。想一下“litter”“trash”“debris”“garbage”“scraps”和“junk”。最初，每一个词都表示为二次使用而保留下来的特定剩余产品。“litter”(来自中世纪拉丁语lectus)，意为“床”，如用于铺床的干草。“trash”是指从树上砍下的树枝，被剥下来的甘蔗叶等，都可以被用作燃料。这个词可能与“thrash(打谷)”和“thresh(脱粒)”有联系，因此最初可能是指通过脱粒获得的物质。“debris”(来自古法语词débriser——“打

① Henry Nygård, *Bara ett ringa obehag? Avfall och renhållning i de finländska städernas profylaktiska strategier* 1830-1930 (Åbo,2004).

② Ibid., p. 109.

③ Strasser, *Waste and Want*, p. 29.

落")是从某物上打落或摘取下来的物质。"rubbish"来源于"rubble",也就是"未经加工的石块",特别是用来填充墙壁的那种。"garbage"最初的意思是"内脏",如鸡的内脏,用作人类或动物的食物。"scrap"是"通过刮擦而来的物质",比如油漆从墙上被刮下来,或者各种被搜刮在一起的东西——从院子里刮来的零碎物品,或者从任何地方刮来的稀缺资源。"trash"是指缆绳的碎片(块),可重新用来制作纤维制品。①

因此,前工业化时代的英语很少用一个总的词语来称呼"废弃物",但它有广泛的词语来称呼特定的材料,它们与我们今天含糊不清地用"refuse"一词所涵盖的内容有各种各样的关联。在词源学上,这些术语似乎主要指的是它们的生产方法或收集它们的实际活动,因此,人们与剩余产品的主导关系不是丢弃而是储存。

类似的发展可以在其他欧洲语言中追踪到——从特定到一般,用来形容剩余产品的词语的含义从特指变成泛指,词语的关注重点从保存变成丢弃。哲学家西里尔·哈佩特(Cyrille Harpet)描述了法语词 déchet 的发展。从词源学上看,déchet(来自拉丁语 decido)与脱落或掉落的东西有关,例如,在处理木材、金属或织物时,掉落在地板上的细屑和碎片。随着语言的进一步发展,这个词不再指具体意义上的东西脱落,而是重点强调脱落的材料是消失的和不适合进一步使用的东西,这一转变似乎表明焦点变了,从个人手工制品

① *The Concise Oxford Dictionary of Current English*, pp. 307 (debris), 494 (garbage), 646 (junk), 697 (litter), 1074 (rubbish), 1327 (thrash), 1359 (trash).

变为工业产品。蒙田(Michel de Montagene)在1580年用déchet表示“测量、估价或称重时的损失”,这可能发生在制造、储存或使用过程中。在1611年,这个词被用来表示社会地位或特权的丧失,直到它最终有了当前的这个含义,即“东西因被视为无价值而被丢弃或扔在一边”。①

德文abfall是déchet的直译,也经历了完全相似的发展过程。它的字面意思是“脱落或剥落”。约翰·乔治·基尔尼茨(Johann Georg Krünitz)编纂的篇幅巨大的经济学百科全书于1773年至1858年出版,共242卷,第一次将abfall描述为水流平稳所需的地形、管道和沟渠的倾斜。abfall还与减少、衰败和恶化有关:“商业、贸易和技术的恶化(verfall),由于这种恶化,商人的财富会减少和消亡。”abfall的当前意思“废弃物”,最后在专门术语中被提及,例如在蜜蜂养殖中,它被定义为“在蜂巢下的地面上收集起来的垃圾(unrath)或蜂蜡碎渣”——而“对于工匠群体”,在他们的技术词汇中,“abfall指的是在工作中掉落下来、可以丢去垃圾堆(krätze)的任何东西。”②

相关的瑞典语avfall(旧拼法是affall)展现了一部16世纪以来的类似历史。在第一个完整的瑞典语《圣经》版本中,它有“失去恩典”的宗教含义,而在当代历史作品中,它的意思是“抛弃盟友”。它

① Cyrille Harpet, *Du déchet: Philosophie des immondices. Corps, ville, industrie* (Paris-Montréal, 1998), pp. 50-51.

② Johann Georg Krünitz, Ökonomisch-technologische *Enzyklopädie*, Band i (1773), elektronische Ausgabe der Universitätsbibliothek Trier, www.kruenitz.uni-trier.de/1773, accessed 8 June 2016, p. 43.

还有引申的含义:"死亡"和"地位或价值的丧失"。17世纪,"脱落的东西"意义上的affall似乎进入了语言,例如,和这个词发生关联的有:树叶(1689年)、大便(1762年)、头发和未成熟的果实(1815年),以及在德语中的下沉水位(1648年)。它与制造业关联起来始于18世纪,当时,与déchet和abfall类似,affall被与导致材料碎片脱落的工作过程——如砍伐树木(1762年)、制糖工业(1774年)和金属工业(1788年)——联系了起来。①

20世纪的关注重点似乎再次发生转移,从工业生产问题转移到了废弃问题上。在欧洲法律中,废弃物的定义是从使用模式变为丢弃模式的任何物品。因此,在法国,废弃物(déchet)被明确为"任何物质或对象,或更一般地来说,任何由其拥有者丢弃的可移动物品,或拥有者打算或有义务丢弃的可移动物品"。② 这一条几乎是对相关的欧盟指令的复制。③ 这项法律取代了1975年的一项法

---

① *Svenska Akademins ordbok* (SAOB), http://g3. spraakdata. gu. se/osa/index. html, accessed 8 June 2016, A165: 'affall'.

② 'Article L541-1-1 Créé par Ordonnance n°2010-1579 du 17 décembre 2010' art. 2: 'Au sens du présent chapitre, on entend par: Déchet: toute substance ou tout objet, ou plus généralement tout bien meuble, dont le détenteur se défait ou dont il a l'intention ou l'obligation de se défaire'. www. legifrance. gouv. fr, accessed 5 May 2016.

③ 根据"2006年4月5日欧洲议会和理事会关于废物的第2006/12/EC号指令","'废物'是指持有人丢弃、打算丢弃或被要求丢弃的附件1中所列类别的任何物质或对象"(第一条)。Official Journal of the European Union, 27. 4. 2006, L114/9, at http://eur-lex. europa. eu/legalcontent, accessed 6 May 2016.

案，该法案将废物描述为“被遗弃的财物”。[1] 现行的欧盟法律规定，原生产者对废物处理负有最终责任，尽管这项责任通常被委托给私人或公共废物收集者。[2] 法律现在还规定，一种物质经适当处理和回收后就不再是废物。[3] “最终的废物”这个词是指现有技术无法回收的剩余部分；这也意味着随着新处理方法的发展，废物的身份可能会发生变化。

现在的情况是，我们对废弃物概念的使用仅仅反映了我们想要把它们扔远的愿望。但哪里才是“远离(away)”；东西去了那里，它们被扔在了哪里？“远离”既不是一个具体的地方，也不是一个特定的距离。并非垃圾填埋场里的所有东西都是远离的——它周围的栅栏、毗邻的建筑物甚至废弃物本身都不是远离的，如果它仍在等待被运走进行焚烧或循环利用的话。但从扔掉垃圾的人的角度来看，废弃物现在被安全地藏在“别”处。换句话说，如果不提到相对于谁是远离的，什么是“远离”就无法确定。废弃物和远离的概念是互相依存的：把一件物品扔远就是切断与它的联系，就是不愿再过

① ‘Loi ° 75-633 du 15 juillet 1975 relative *à* l’élimination des déchets et *à* la récupération des matériaux’, *Journal officiel de la République française* (16 July 1975), p. 7279. Available at www. legifrance. gouv. fr, accessed 5 July 2017.

② 参见 2006 年 4 月 5 日欧洲议会和理事会关于垃圾的第 2006/12/EC 号指令第 8 条：“会员国应采取必要措施，确保任何废物持有人：(a)由私人或公共废物收集者或从事附件Ⅱ A 或Ⅱ B所列业务的企业处理废物；或(b)根据本指令的规定自行回收或处理废物。”

③ ‘Article L541-1-1 Créé par Ordonnance n°2010-1579 du 17 décembre 2010’, art. 4; citing Waste Framework Directive 2008/98/EC.

问它，由此，垃圾填埋场成为我们被卸下责任的一个明显象征。①

我们与对象的关系通常是相互依赖的。东西必须运转正常，而且必须没有损伤、保持完整。反过来，它们对我们也有要求。窗户必须清理干净，汽车必须得到修理，除非它们与我们终止契约关系，我们的管理就此结束，它们成为废弃物。但正如我们所看到的，在工业社会中，最经常的是人类先终止了契约，在此之后，人们希望，对象如尘土一样回归自然，或者循环利用，获得新的身份。

废弃问题是这个循环过程中众所周知的例外。每一种文化努力，一旦创造了一个得到良好维护和愉快的环境，也就意味着排除了(前)对象和空间。从自然衰败中摆脱出来，这种文化上的乌托邦(utopia)不仅把文化与自然对立起来，而且与异托邦(heterotopia)对立起来，与“别处”对立起来，后者是文化图景的负面镜像。② 它的样子是油田的工业化无人区，由于我们对能源和垃圾填埋场的需求而兴起，由于我们对没有垃圾的生活空间的需求而兴起。因此，位于“别处”的全部社区现在都确实被废弃物埋没了。用皮娅·玛丽亚·阿贝克(Pia Maria Ahlbäck)的话说：“因此，异托邦的环境重要性，在于它们能够返还被丢弃的东西，常常以一种不可避免的双

① 亦参见 Fayet 的“废物理论模型”，其出发点是废物就是我们希望与自己保持距离的那种东西。Roger Fayet, ‘Moderne Reinigung, postmoderne Kompostierung. Über ein abfalltheoretisches Modell und die eigentlichen Signaturen zweier Zeitalter’, in *Verlangen nach Reinheit oder Lust auf Schmutz? Gestaltungskonzepte zwischen rein und unrein*, ed. Roger Fayet (Vienna, 2003), pp. 15-40, at pp. 18-21.

② Pia Maria Ahlbäck, *Energy, Heterotopia, Dystopia: George Orwell, Michel Foucault and the Twentieth Century Environmental Imagination* (Åbo, 2001), especially pp. 170-77.

重反乌托邦形式，因为一开始并不希望这样做……这同一个自然——早已被遗忘并被想象为最终克服了的自然——现在又以一种更卑微的、更具威胁性的形式被人们所认识——强调的是不可能从中逃脱。①”

与此同时，我们一直梦想着有一个安全的别处，作为我们最有害的废弃物的最终存放处。

使事物保持活力

做出扔掉的决定时，有用性只是需要考虑的因素之一。人们在扔掉几乎完好的物品的同时，却会保留下最稀奇古怪的东西。这个决定取决于这样一个问题：对象如何与人的生活相联系。也许它承载了关于重要之人的回忆。反之，当它的重要关联被切断时，它就去了垃圾堆；对象本身不再承载生活。有时拥有者的死就足以致此。谁会想要一个未曾谋面之人的假牙或护照照片呢？在去邮筒的路上一只奇怪的鞋子或者一张明信片丢了会怎么样？在所有这些情况下，一样东西变成了垃圾，而物品本身没有任何可察觉的变化。有些东西，曾经尚在使用中，是某些活动的一部分，当我们忙于生活中的其他事物时，这些东西被扔在了一边。相反地，对抗这种衰败的斗争正是为了让事物继续存在。

想一下我们使用的功能性对象的一个典型特征：工作和休息的

① Ibid.，p. 173.

节律。工具，以及诸如罐子、餐具、人的手和嘴之类的东西，它们的工作，是要通过接触这些或那些材料才开始。器具和人体外部器官的使用，其特点是主动使用、清洁和休息（存放）之间的轮替。油漆工的刷子必须浸在油漆里，否则这就是一种要防止的油污。如果在那个阶段，刷子的状态已经可以理解为"被弄脏了"，则意味着可能的艺术家不是在做艺术，而是仅仅在用一些恣意的物质糟蹋画布（而不是用有时不难画的线条）。然而，在正常情况下，只有当刷子暂时不用了，为了存放，或者因为艺术家想要换一种不同的颜料，才会询问刷子是否需要清洗。所以"脏还是不脏"这个问题是指，对于某些有功能的对象，视工作和休息的节律改变而定。另一方面，通常不用来接触其他材料的对象则不是这种情况；对于这样的对象，弄脏不属于其功能的一部分。有人刚刚读过一本书，看过一幅画或透过窗户看了一眼，这些情形并不意味着这个对象现在必须在"使用后"清洁。

功能与肮脏之间的关系也体现在我们对待个人卫生的态度上。安妮·弗鲁赫姆(Annie Furuhjelm)从她在芬兰东北部地区的旅行经历中举了一个这样的例子。她转述，如果有人批评孩子们黑乎乎的脸，当地农民的回应是，"这根本就不肮，这是干净的煤烟灰"。[①] 弗鲁赫姆同意，这是一种自然的观点。如果一个家庭生活在 rökpörte 里，也就是在一座只有老式无烟囱的炉子的房子里，烟仅仅通过一个天花板上的开口排出。煤烟在人脸上造成的脏污，远远比不过炉子造成的，但在新的情况下，例如，当一家人礼拜天穿戴整

① Annie Furuhjelm, *Den stigande oron* (Helsingfors, 1935), p. 186.

齐去教堂时，它就会是脏污了。日常生活的痕迹——尽管在活动进行时是自然和中性的——因为礼拜天临近而被清除。[①]

活动和休息之间的区别也会带来常见的、紧急的清理，就在客人到来之前。这种活动的目的不一定是用虚假的外表欺骗客人，因为它们也标志着打破了日常生活的例程。玩具和书籍随处摆放，在地板和桌子上取用方便，对日常生活空间颇有助益，但都被清理掉了，以示欢迎的姿态。清洁的本质是日常生活的一种中断，这也是为什么清洁携带着破坏性权力斗争的种子：家里可能会出现冲突，争夺由谁来定义共享空间。各种正在进行的事情都在房子里等待完成，有人看到一片混乱，另一个人则看到一个人生活的空间，这就解释了为什么人们对整洁和清洁的关注有时表现为对生活本身的憎恨，表现为希望以清洁和秩序的名义消除正在进行的活动的痕迹。

一种宇宙秩序

一个干净并肮脏的世界是这样一个世界，它以人类对对象的管理为特征。在这个意义上讲，我们与肮脏的关系与一种宇宙观联系在一起，此处的宇宙用的是 cosmos 的原始含义：一个组织好了的合法整体，其中的对象遵循预定的目的论，而人类对它们负有责任。

---

① Lördag，瑞典语中的“星期六”，从词源学上与 löddra（泡沫）有关，“制造点泡沫（例如用肥皂）”。星期六曾是清洁和洗刷的日子。

但有时会发生世界拒绝遵守的情况。东西掉落并破裂了，它们磨损了，它们丢失了——这是维特根斯坦在一份手稿中描述的“事物的可恶”。

“事物的可恶”——一种不必要的拟人。我们可以说这个世界是充满恶意的；我们可以很容易地想见是魔鬼创造了这个世界，或者创造了世界的一部分。想象邪恶的灵会在特定情形中介入，这是不需要的；一切都可以“依据自然法则”而发生；只是从一开始，世间万物都将是被邪恶针对的。但人存在于这个世界上，在这个世界上事物会坏掉，会退化，会造成一切可以想象的损害。当然，他自己也是一个这样的事物。——事物的“可恶”是我们愚蠢的拟人化。因为真相比这种虚构更沉重。①

按照维特根斯坦的说法，真相会“更沉重”，因为我们被困在一个世界中，这个世界没有照它应有的方式运行。我们也许会在绝望中松开双手，但我们不会放弃，因为这个世界是我们的家。我们对它负有责任，我们照看它，我们知道至少它有一小部分也许能够保持干净和秩序。我们最后推断出，自然——意思是死亡和腐烂——总是赢家。但即使事物的自然败坏永远阻止不了，至少我们在某些方向上掌控这种败坏。我们清洁事物，我们抢救它们、修复它们，并且时不时地把它们扔掉。

① Ludwig Wittgenstein, *Culture and Value*, ed. G. H. von Wright and Heikki Nyman, trans. Peter Winch (Chicago, il, 1984), p. 71e.

第十一章　什么是我的，什么是别人的

“二人成为一体。”既然如此，夫妻不再是两个人，而是一体的了。

耶稣(《马可福音》10 章 8 节)[①]

人体作为一种临界对象

在对肮脏和污染的哲学讨论中，通常倾向于优先考虑个人的清洁，而不是对象的清洁。我们对后者的关注常常被描述为源于更原始的冲动，就是要保护自己身体不受外来物的侵害。但在许多情况

① 《马可福音》10 章 8 节(NRSV)。

下，似乎也有充分的理由采取相反的路线进行分析。有时候恰恰相反，个人的卫生需求是因为有保护外部对象不被弄脏的需要——例如，洗手是一种典型的情况。作为一个人和一个身体，我可以同时扮演肮脏的主体对象的主次两种角色。当我想到自己很脏的时候，我通常会想到没洗的感觉，例如油腻的头发；在这种情况下，我的头发是主要的主体对象。但有时我的头发会使我衬衫领子变得油腻，在这种情况下，我的衬衫算作主对象，而头发算作次对象。在日常情况下判断什么是弄脏，要询问用负责任和适当的方式处理对象是什么意思，以多种多样的方式来了解。

我自己的身体在这种判断中占有特殊的地位。如果说我的身体是一个"对象"，这一点没说错，那是因为我的身体和其他物质事物处于相同的境况中。我的身体可能受到损伤；有人可能正在拥挤的房间里找我（我的身体）。但同时，我也是人，只有相对于我，其他所有事物才是（或可能是）对象。从我自己的观点来看，我的身体和其他对象之间的关系是不对称的，毋宁说，我的身体和它所占据的位置构成了指示性表述的参考点或中点（例如"这里""在那里"）。[1] 无论"这里"是指什么地方，"这里"被称为这里，是因为我在"这里"。

我早上醒来时躺在别人的床上，在完全陌生的环境中。我不知

① 这并不是说，"这里""在那里"等词语可能没有"对称"使用的情况。可以指一种这样的情况：当我指向地图上的当前位置时。"我在那里"的用法与"卡米拉在那里"基本相同。"我"这个词有时具有指示词的特征，有时也具有指称词的特征。See G. E. M. Anscombe, 'The First Person', in G. E. M Anscombe, *Collected Philosophical Papers*, vol. ii (Minneapolis, mn, 1981), pp. 21-36.

道我在哪里，我的眼镜也弄丢了。我开始寻找它，但我不会开始寻找我自己——因为即使我不知道我在哪里，我至少知道我在“这里”。我进一步的定位任务将包括找出我的“这里”是哪里。这种描述肯定有点奇怪：它近乎于胡言乱语、休假中的语言[①]，最重要的是，这一事实表明，我使用的这种表达，其原本的用法并非如此。我们正在接近有意义地谈论对象的极限。从我自己的观点来看，我不仅仅是一个对象。

主体和责任的观念几乎必然地来到了这里。当我进入弄脏或污秽状态时，我是需要清洁的对象，但我也是负责清洁这个对象（也就是我的身体）的人。我的身体以两种方式进入这个场景。我的身体有一部分会与（其他）对象发生物理接触并可能弄脏它们。另一方面，我需要洗漱也可能表达出一种自我意识的态度，我把注意力集中在我的身体和它所处的状态上。“如果我很脏的话，责任总是在我”，尽管这么说是不对的——因为在很多情况下，保持干净无论如何是不可能的——但这不是我可以完全漠不关心地对待的事情。如果我们思考我和别人身体的关系，基本上同样的观点也是适用的。我几乎不能把别人——另一个人——当作一个单纯的对象。[②]

想象一下，在一个组织良好的购物中心里，看到一个明显没有

---

① 来源于维特根斯坦的名言：“语言休假时，哲学问题就产生了。（For philosophical problems arise when language goes on holiday.）”——译注

② 正如彼得·温奇指出的，把一个人“当作一个对象”和把一个对象“当作一个对象”是不同的。一个挡了道并被推开的人被视为一个对象，但在某种意义上，她也被玷污了，这不能说成是有石头从一块荒地上被挪走。Peter Winch, *Simone Weil*: ‘*The Just Balance*’ (Cambridge, 1989), p. 154.

洗过澡的人，大概率还是个流浪者，你的反应可能会从厌恶到愤怒再到怜悯，或者大概是一种混合反应（在这种情况下，怜悯是对他的恶心状态的反应），但是这种混合反应印证了肮脏和道德沦丧之间强烈的象征性联系。拉丁语词根 sord 既与卫生有关联，又与道德有关联。形容词 sordidus 源于动词 sordeo，sordere——“待清洗的或蓬头垢面的”，也源于“被鄙视”——形容词相应地既有“肮脏、不干净、乌七八糟”的美学意义，“卑鄙、腐败”的道德意义，又有“微贱、卑下”的社会意义。这些关联不仅仅是语言方面的巧合，因为它们是肮脏和责任之内涵的必然结果。我们自然而然地认为，未清洗之人的糟糕状态是一件他必须*关心*或者至少*应该*关心的事。即使同样是厌恶，我们也区别对待人和对象。

但是，恰恰是卫生的伦理维度向人类对弄脏的各种各样不可思议的反应敞开，这些反应从温柔到极端残忍。对弄脏的评判，有一个特别令人不安的方面（合理地）在研究文献中被关注到了：将肮脏用作统治的工具。将他人污蔑为不洁的和不可接触的，从而使他们完全屈服，与此形成鲜明对比的是以下情形很罕见，被赋予这种权力的人会出于纯粹的无私而拒绝行使它。①

① 关于社会阶级关系与弄脏之间关系的模型，见 Christian Enzensberger, *Grösserer Versuch über den Schmutz*（Munich, 1970）, pp. 50-53, 70-77。西蒙娜·薇依关于“拒绝的力量”的想法，见 Winch, *Simone Weil*, pp. 102-19.

变得不干净

什么时候我们是不干净的？一般的答案与其他对象的情况相同：要么我们(我们的身体)接触了不需要的物质；要么我们的身体传播了其他对象不需要的物质。但这还不能说明什么样的物质是不需要的。大多数人类的活动都要冒不洁净的风险才能维持。拒绝一切可能让你变脏的事物，就是拒绝生活本身。变脏从新陈代谢开始。据一篇报纸报道："一个人每天大约分泌 50 克污垢，由 38 克脂肪、2 克皮肤、10 克汗液和几克其他分泌物组成。"①

显然还需要一些细节。人类制造汗液和其他分泌物，但不存在特定的人体器官来分泌污垢。所引用的资料是基于对衣物内发现的外来颗粒的分析，也就是说，残留在织物上的颗粒。因此，评估的是衣服的状况，而不是穿着衣服之人的状况，这意味着衣服被视为肮脏的主要主体对象，而人则被视为次要的。一个人身体表面有"多少"污垢，任何这种问题都有主观臆断之险。健康人的皮肤上总是有一层死亡的表皮细胞，这会让你面临一个问题，即应该清除多少表皮细胞。如果你想把所有可以清除的东西都擦洗掉，你就得要一直擦到见骨为止。即使是细菌，也不能被确定为皮肤上的明显异质物和多余物。当我们说一种皮肤病"是由微生物导致的"时，其含

① Jami Jokinen, 'Liastanäkyy vain osa', *Turkulainen*, 4 June 2003.

义通常是皮肤上微观生命的正常平衡被打乱了——这可能是多种原因导致的结果，包括不良卫生和过度卫生。

如果像以前一样，污垢被描述为一种外来的令人不安的元素，那么对此的问题将是：身体上的一种元素——皮肤细胞、汗液、唾液等——什么时候会算作一种异质物？当然，必定有各种各样的答案。对人类功能的要求不如对人工制品那么明显。一个人没有一种典型的用途，而谈到“用途”时把人牵连其中，有时候是很成问题的。也很难为人类定义一种理想的干净状态。想一下孩子们在海滩或森林里集中玩几天之后的状况。闻着他们的头发，我们可能会感觉到，他们现在有了自己的、特有的气味，这气味比他们在城里每天都洗澡的时候要大得多。

我的杯子和别人的杯子

当一个人很脏时，并不总是清楚什么是脏的。通常你会感觉到自己的污垢最多的地方是在身体的外围，比如你的头发、牙齿和脚趾。身体内的有害物质通常被描述为传染性的或有毒的，而不是肮脏的。一个活着的人的眼睛不会被描述为（字面意义上的）肮脏，显然是因为眼睛表面的异物会立即成为比肮脏更糟糕的东西。“我很脏”这句话有时只意味着我的衣服脏了。“他（她）是脏的”或“他（她）是个脏的人”这句话也可能意味着一个人的生活习惯或家是脏的。它甚至可能指的是肮脏的心智，这表明某人身体干净，但道德上有问题。

这些关于人类之脏的变化形式，直接关系到人体作为一个临界对象的地位，以及关系到一个哲学问题，即“我”是否为一个指称词(referring expression)。①一个名字或一个普通名词的含义，在许多情况下可以通过指向这个词所代表的事物来解释。然而，没有一个明显的不变的实体总是充当“我”这个词的指称。用“我”这个词，我可能指我的身体(如“我和你一样高”)，也可能指身体的某个部分(“我伤害了我自己”，即身体的某个部分)，也可能指我自己，与我的身体或身体的某个部分区别开来(“我洗了我的身体”“我伤了我的手”)。最后还有，“我”一词在使用时根本不指称身体，如“我很担心”。不仅只有“我”这个词，我们说起人的时候，通常总是切换着不同的方式来确定我们所谈论的“实体”。

对象也许的确可以用来作为人的延伸。如果你挪一根手指放在一页印了字的纸上，特别是放在胶印技术发达之前的印刷品上，你会感觉到印刷部分和空白部分之间的细微差别。而如果你用牙签翻过这一页，你也会有这种感觉。在这种情况下，你是通过牙签的末端来感受。牙签就成了一个感官器官、一根延长了的手指。同样地，盲人的手杖起着身体的一部分的作用，我想他不希望陌生人用手指碰手杖，正是因为手杖感觉太像他的器官的亲密延伸。

衣服也可能扮演这种亲密的角色。如果我什么都不穿，我可能会觉得完全裸露着——也就是说，很脆弱；另一方面，这种感觉在我

① Anscombe,‘The First Person’.

洗澡的时候是没有的。被迫穿别人的衣服也很容易导致裸露感和个人价值的丧失感。因此，在《卡拉马佐夫兄弟》中，陀思妥耶夫斯基写下了米嘉·卡拉马佐夫(Mitya Karamazov)被逮捕的一个场景。当米嘉不得不在警察面前脱光衣服，穿上一件随机排列着的别人的衣服时，这已经让他觉得他们有充分的权利怀疑他和蔑视他。① 最后，考虑到家庭的作用，它不仅是作为习惯性的生活空间，而且也是作为身体的延伸，因为它是人的非生物身体——它会变得很重要，特别是当一个人必须永远离开家的时候。多年来在家中找到完美生活方式的老年人，在进入医院环境后，据称常常很快就会"迷失了"。

人类之脏很明显与经常接触口腔和身体其他部位黏膜的那些对象有关。我们可能会想到喝酒的玻璃杯、汤匙、刀叉，也可能想到内衣。如果内衣是别人的，在穿之前要仔细清洗，即使主人可能只穿了很短的一段时间。"别人的杯子"和"别人的内衣"在用之前必须清洗，但如果我们要坐在别人的椅子上，在用之前我们不会有同样的冲动去清洗一下。

和其他人从同一个杯子里喝水，就是被拉入区分我和其他人的临界区域。我接触了一个物体，这个物体同时也是另一个人身体的延伸。这可能会导致尴尬，但也可能会——当我和另一个人从同一

① Fyodor Dostoevsky, *The Brothers Karamazov* (New York, 1976), Book 9, Ch. vi. 维特根斯坦在他的"评述弗雷泽的《金枝》"中显然想到了这个场景，in Ludwig Wittgenstein, *Philosophical Occasions* 1912-1951, ed. James Klagge and Alfred Nordmann (Indianapolis, in, 1993), pp. 115-55, at p. 155.

个玻璃杯里喝东西时——导致愉悦。接受圣餐的两个基督徒和分享同一个玻璃杯的两个恋人,不仅同意使用同一个容器,分享的姿态也是他们所珍视的亲密关系的不可或缺的一部分。我现在最后一次引用诺贝特·埃利亚斯的观点。

按照中世纪的习惯一起吃饭的人,他们用手指从同一盘菜里拿肉吃,用同一个高脚杯喝酒,用同一个锅或同一个盘子喝汤……这些人彼此之间的关系与我们不同……这个文雅的世界缺少的,或者至少没有发展到同样程度的,乃是无形的情感之墙,它现在似乎在人的身体与身体之间升起,排斥并分隔彼此,哪怕仅仅触碰了一下其他人的嘴或手之类的,这堵墙在今天常常也可以感知到;而一旦别人的许多身体机能被看了一眼,或者时常被提到一嘴,这堵墙会表现为一种尴尬;当某人自己的身体机能暴露于他者的目光之下时,这堵墙又会表现为一种羞耻感;情况绝不止这些。[1]

不管我们如何看待埃利亚斯对中世纪文化的解读,有一点会让我觉得至关重要,那就是他的读者们都会立即意识到为什么他会用那样的方式看待共用的容器。人与人之间的关系往往受到被玷污感强化的象征之墙的约束,而反过来,亲密关系战胜了被玷污感。

---

① Norbert Elias, *The Civilizing Process*, vol. ii: *State Formation and Civilization*, trans. Edmund Jephcott, with some notes and revisions by the author (Oxford, 1982).

亲密行为的两种形式:洁净的和玷污的

在亲密行为中,不洁净的东西变得洁净了;另一方面,强迫的亲密行为让我们有一种肮脏的感觉。这两种情况都重新定义了干净与肮脏、洁净与玷污之间的界限。有一种方法可以理解这些变化,就是通过这样一种洞见:个体与他或她的环境之间的界限并非一劳永逸地确定,因此"属于"和"不属于"之间的界限也不是非此即彼。我们也可以说亲密关系创造了其特有的干净和肮脏的概念。这当然适用于所有行为:为了理解从属于行为的概念是如何运用的,你必须理解那个行为。就像你不能在不弄脏手的情况下用黏土工作一样,情人们不能在不接触唾液的情况下亲吻。

然而,最后一句话不止在一个方面造成了误导。爱不是一种行为,也不是任何人的爱好或工作,就好像陶匠的工作那样。"成为人"不是一项工作,而爱就是要成为人,成为属于某人的那个人。在爱的亲密行为中,我们探索和扩展我们身体和灵魂的极限。此外,为了最终的结果(不管是什么结果),亲吻时接触唾液并不是一个忍受起来令人懊恼的副作用。即使是最干净的人也不会对自己口中的唾液感到恶心,但我们大多数人一想到别人的唾液不小心进入我们的口中,就会畏缩。然而,这种反应并没有在亲密行为的情况中出现;这种反应甚至不用被抑制,而是根本没有出现,因为不管一个人嘴里的唾液是自己的还是恋人的,都没有任何区别。在这种情况下，不存在不洁的唾液。①

排泄物常被视为一切不洁和恶心事物的典型。但即使如此，情境也很重要。为孩子换尿布的父母通常并不特别感到恶心，也许比他们擦自己的屁股时还更少恶心。如果他们突然注意到有人的排泄物由于不明原因被抹在他们的衣服上或手上，他们的反应肯定会大相径庭。当然，这并不是说排泄物在一种情况下比在另一种情况下更干净。任何比较都已经假定要比较的事物处在平等的立足点上，并且用共同的一套标准来看待。当然，在这里进行“比较”的想法已经表明了一种非个人化的态度，而不是人与人之间亲密的特征。

除了这种洁净的和净化了的亲密行为，还有**玷污了的**亲密行为。在这种接触形式中，人们之间的界限不是被探查或消解，而是被侵犯。强奸受害者常说有一种巨大的玷污感。这种玷污感也出现在其他侵犯个人领域的案件中。在扬·克罗斯(Jaan Kross)的历史小说《沙皇的疯子》(*The Czar's Madman*，1978)中，故事发生在尼古拉一世统治时期的波罗的海三国(Baltics)②，主人公发现他未婚妻的父亲是一名政府特工，被派来监视他和他的朋友。他回到家里，当下感觉到，好像突然发现门大开着，房间变冷了，地毯上满是脏脚印。因此，除非他打破婚约，否则他的生活将继续这样下去。

一次又一次，即使在我问了她十次以后，她也会发一百次誓她

① 我在这里忽略了这样一个事实：对方嘴里的黏液、食物等会让人不安，这些东西在我自己嘴里也会如此。

② 即爱沙尼亚、拉脱维亚、立陶宛三国。——译注

是清白的——一次又一次，日日夜夜，怀疑笼罩着我，所以无论我多么小心地锁上我的门，它仍然会被打开着，因为它不可能关上，我的地板会被覆盖上泥泞的脚印，这是由一个陌生人留下的……也就是我自己的妻子。因为她本来要成为我的妻子，只是为了通过我进入这所房子，她会和她父亲（也是她的雇主）一起留在这所房子里，充当政府的耳目。①

这个段落再现了当下以肮脏为关注焦点的许多主题：家是人的延伸；对亲密行为的入侵是玷污；不道德行为（背叛）是隐喻性的肮脏。

纵火犯的供认

照顾老年人牵涉一种形式的弄脏，比之前的例子更具争议性，更难以比较；它目前是福利国家（不管它现在是什么样子）的雷区之一。职业的医疗保健意味着一种特殊的系统性含混，一个陌生人被要求承担一些通常只会委托给最近的家庭成员的任务——从而造成个人亲密和职业冷漠之间的奇怪而易燃的混合体。② 这种固有

① Jaan Kross, *The Czar's Madman: A Novel*, trans. Anselm Hollo (New York, 1993), p. 65.

② See Hildur Kalman and Katarina Andersson, 'Framing of Intimate Care in Home Care Services', *European Journal of Social Work*, xvii/3 (2014), pp. 402-14.

的含混性渐渐显露出来。例如，在20世纪90年代，挪威护士工会曾考虑要求额外支付“肮脏工作”的费用——这是一笔发放给垃圾收集者、石油平台工人和其他“男性”职业的从业者的费用——但在内部辩论中，这一行动计划被否决了，理由是尊重病人的需要。如果他们被视为污物和屎的制造者，他们的人之价值怎么办呢？这也会使护理行业变得与实际情况不同。① 一个照顾病人的护士接触的是污物，就跟汽车修理工一样，这个看法不知怎么似乎是不可接受的，尤其如果你认为自己未来也会是病人。然而，专业人士知道，这项繁忙工作的大部分事情都是为了清理和处置病人的各种身体排泄物，几乎没有时间来满足可能不容易界定的社会心理的需求。②

这种普遍的困境，是约亨·特姆施(Jochen Temsch)一篇有争议的文章的背景，这篇文章1994年发表在德国一家大型报纸上。这篇文章在《时代周报》(*Die Zeit*)占了一整页篇幅，并引发了一场激烈的辩论。特姆施当时是一位23岁的出于良心而拒服兵役者(conscientious objector)，他报告了他在德国一个大城市的公共家庭护理服务部门工作的经历，是去老年人家里做家务和医护工作。这个年轻人把自己描绘成一个擦屁股的人(arse-wiper/Arschwis-

① 信息来自Hildur Kalman教授的邮件，2016年6月1日。

② 据专业人士估计，80%的疗养院工作是在喂食、清洗还有处理患者的各种身体排泄物；Gertrud Rückert, 'Gedanken einer alten Frau zur allerletzten Seite der ZEIT', *Die Zeit*, 6 December 1994. 可以与Lapcic对临终关怀医院情况的描述相比较：“医生和护士有时间施用每一种药物，但没有时间谈话。”在这种情况下，医护人员之间的医疗互动显然只是这种情况的匿名特征的另一个方面。M. Lapcic, 'Die Federn Richtung Himmel steigen lassen', *Frankfurter Allgemeine Zeitung*, 27 October 2014.

cher)，他在人类孔窍的末端干活——“在那个地方，个体不复存在，他慢慢地蜕变成一团难闻的皱巴巴的肉”。① 然而，作者的重点是他自己，他的反应，他对他的病人的厌恶，或者我们可以说是对他的受害者的厌恶。想想看，他去看望一个老年盲人，结肠癌手术后的造口(人工肛门)上“戴”着结肠排泄袋。一个透明的塑料袋，里面有黄棕色的东西，挂在这个男人的肚子外面。这个盲人按着自己的肚皮，释放更多的东西到袋子里，然后把袋子取下来交给特姆施处理。特姆施惊慌失措，他一回到家就跑去洗澡。

气味黏在我衣服的每一根纤维上，黏在我的头发上，黏在我的皮肤上。在家里，我在走廊里就脱掉了衣服；我把这脏衣褴衫扔到洗衣机里，马上去洗澡。我让水在我身上冲了好几个小时……但这都没用。那股味道一直留在我的鼻子里。它从我的记忆中爬出来，而我又不能给记忆洗澡。是的——对气味也有记忆。②

我的看法是，在随后为辩论而作的文章中，有一篇是我所见过的已发表的关于医疗伦理的最好作品之一。当时 78 岁的格特鲁德·吕克特(Gertrud Ruckert)抗议作者对自己的反应“近乎自闭的”痴迷，他的反应不仅是对廉价刺激的一种追求，也是对封闭思想的一种表达。

---

① Jochen Temsch, 'Das wird schon wieder werden', *Die Zeit*, 25 November 1994.

② Ibid.

> 那位老年盲人想要用他的造口吓一吓(特姆施),这戏剧性的一幕完全逃过了他的注意。“看这儿,我的孩子,”老人默默地喊道,“就处理了一次,你已经对我感到恶心了,而我必须日夜把这东西带在身上,你不觉得我和你一样厌恶它吗?现在你的反应和其他人一样。让你恶心的不是那个袋子。在你眼里,我就是那个袋子。”①

吕克特也曾经护理过一位家庭成员,后者多年来不得不使用结肠排泄袋,但与特姆施相反,她不希望把自己的经历描绘成郁闷的经历。然而,问题是,特姆施只知道他的病人“满腹牢骚地”对一个已经过度工作的员工提出了一个又一个的要求。与吕克特不同的是,他没有和他们做朋友、家人、爱人和被爱之人的经历。

> 另一方面,我也以别种方式了解我的亲密朋友……我有过这样的经历:他们仍然需要和他们讨论的伙伴,我们谈论我们过去的生活及其意义,谈论我们的信仰和我们的希望,以及时不时地谈论我的日常小问题,我一次又一次地触碰他们、抚摸他们,我握着他们的手,他们也握着我的手,我们一起大笑。②

正如吕克特和特姆施向我们展示的,人类身体的脆弱对周围的人来说是一种挑战,但这种挑战不可能只有唯一答案。对那些需要帮助的人来说,需要依赖陌生人的帮助可能是一种贬低和羞辱,对

---

① Rückert,‘Gedanken einer alten Frau’.

② Ibid.

那些有帮助任务的人来说也是如此。但恰恰是最严重的情况——跟随对方直至生命的最后极限——才有可能拆掉我们、我们的灵魂和身体之间的隔墙。

如果家庭看护服务被看作是一个整体——从平常帮忙买食品杂货开始，到协助散步，再到个人卫生，以及在一段时间内的所有这些——我们都可以做一些不那么戏剧化的描述。而且个人卫生也是生活的一部分，在生活中，一件事导向另一件事，不把别的事先做了，什么事也做不了。独独关注私密处的卫生，已经提前让人类成为一个纯粹的身体废物的生产者，这事实上既正确又侮辱人。如果应用于完全健康的人，他们当然会上完厕所后把自己擦干净。吕克特指出，如果特姆施对病人的恶臭呼吸感到震惊，他显然没有好好了解一下早上的自己。矛盾的是，如果他真的能把自己的工作看成是一项单纯的清洁工作，他可能会发现处境更容易忍受。现在反过来了，恶心感变成了一种特姆施保护自己的方法，一种避免抱有同情的方法；很自然地，人们会想到以仁慈的方式结束痛苦——就像动物摆脱痛苦一样。如出一辙的是，吕克特提醒我们，澳大利亚哲学家彼得·辛格(Peter Singer)曾想制定一条适当的标准，来衡量人类的生命在什么时候应该(仍然)被视为值得活的。如果我们对哪怕是在痛苦中也能找到的任何意义都视而不见，那么对绝症患者进行致命注射永远只不过就是多走一步而已。另一方面，吕克特表现出一种开放的态度，一种认为我们永远不能提前判断事物的洞察力。即使在死亡到来的时候，生活也还有一些东西可以教给我们，“当经历了所有的不安全，每一道防线被摧毁，平静来临，对命运的深切默认，对于我们称之为死亡的这件无可抗拒之事，我们很无助，有时甚至不自主地投降时”，“总的来说，死亡的视角是一个令人惊讶的远距离视角；它从上面观看生命。有很多事情应该一笑而过，却被我们这些落在后面的人如此认真地对待。[1]”

吕克特的描述隐含了一个道理，那就是纯粹的功利主义相当于一种理解力的丧失。疾病和死亡所带来的痛苦也许可以由积极的经验来衡量——这与功利主义的观点相当吻合——但功利主义关注的重点是快乐和痛苦之间的简单对比，这扭曲了经验。如果我们认识到，关于这些问题的公开争论在很大程度上令其自身隔绝于重要的意义源头，那么医疗伦理的现状是可以理解的。在这种情况下，功利主义论点的持续流行标志着一种根深蒂固的惯常做法，从人之常情来说，考虑到公共医疗所面临的巨大挑战，这是再自然不过的。最后，我们活得越久，这种狭隘的视野就越会成为一种全新的真实写照，它表现了我们摆脱痛苦和脆弱的愿望。生活是否值得过这个问题，看起来确实像一道数学题，因为在这样一个社会里，你可以活到三十岁而不曾坐在垂死之人的床边，也不曾怀抱过一个新生儿。

就效用而言，尸体完全没有价值，最有可能是负价值或微不足道的正价值。它确实可能被视为无意义的终极范例，是多年痛苦的可悲结果，是终点——毫不英勇，令人生厌；这就是为什么对克里斯蒂娃来说，“尸体——如果不从上帝或科学的角度来看——是最卑

① Ibid.

贱之物。"①顺便说一句,这一观点表明功利主义者和克莉斯蒂娃有一些共通之处,这与一种更传统的观点形成了对比,即对死者身体的照顾是对存在于死者一生中的爱和友谊的延续。尸体被清洗,这表明一具人的尸体**可能**是干净的。乌尔丽卡·沃尔夫-纳特(Ulrika Wolf-Knuts)在她关于芬兰的瑞典语地区清洗死者这一传统的文章中,将这种经验描述为"完全正面的"。②

> 清洗尸体也可以被视为一种爱的行为或一种审美举措,这样家庭成员就可以有一具整洁的遗体供人瞻仰……一位资料提供人把死亡比作旅行:正如你在去某个地方之前必须洗一下,清洗死者是一件自然而然要做的事情。③

肮脏作为统治手段

肮脏可以被故意用来摧毁人类,无论是从肉体上还是从精神上。与之相反,清洗这种行为有时是对抗人性被抹杀的一种方法。在普里莫·莱维(Primo Levi)的奥斯威辛集中营回忆录中,这两方面都清清楚楚。莱维描写道,从一开始,清洁卫生样样都被蓄意设

---

① Julia Kristeva, *Powers of Horror: An Essay on Abjection* (New York, 1982).

② Ulrika Wolf-Knuts, 'Liktvättning', *Skärgård*, vii (1984), pp. 35-9, at p. 39.

③ Ibid., p. 37.

计为不可能，即使有所谓的盥洗室，以及显眼的海报来告诫人们要保持清洁。当莱维后来被分配到一个化学实验室内工作时，他那蓬垢的外表让他不得不觉得，难以想象他和那些外面来的平民同事是同一个世界的人。莱维起初不明白，在如此的营地条件下，为什么狱友施坦因劳夫(Steinlauf)每天都装腔作势地洗一个假晨浴，兴冲冲地搓洗自己，只不过这一切都徒劳无功，因为他空对着一池污水却没有肥皂。他做这一切到底是为了谁或者为了什么？莱维渐渐明白了其中的道理。

正因为集中营是一个把我们变为野兽的巨型机器，我们才绝不能变为野兽；即使在这种地方，人也能活下去，因此，一个人必须想要活下去，去讲述这里的事，去见证；为了活下去，我们必须逼自己至少要救起文明的骨骼、支架和形式。我们是奴隶，被剥夺了一切权利，遭受了各种侮辱，被判处了死刑，但我们仍然拥有一种权利，我们必须用全部力气去捍卫它，因为它是我们最后的权利——那就是拒绝同意的权利。所以，我们哪怕没有肥皂也必须要用脏水洗脸，并用夹克衫擦干自己。我们必须把鞋子擦亮，不是因为条例里如此规定，而是为了尊严和礼节。我们必须挺直身子走路，不要拖着脚，这不是为了向普鲁士的纪律致敬，而是为了活下去，不坐以待毙。①

① Primo Levi, 'If This Is a Man', in Primo Levi, *If This Is a Man and The Truce*, trans. Stuart Woolf (London, 2007), pp. 15-179, at p. 46.

奥斯威辛集中营里的囚犯几乎一无所有。然而，通过继续日常洗漱，他们至少可能试着保留对正常生活的记忆，这不仅显示了对集中营法规的嘲弄，也可能给予他们活下去的决心。

在短篇小说《伊凡·杰尼索维奇的一天》(*One Day In the Life of Ivan Denisovich*，1962)中，亚历山大·索尔仁尼琴(Alexander Solzhenitsyn)描绘了几个场景，集中描述了极端环境中的清洁活动。尽管古拉格集中营的条件很落后，但犯人们仍坚持一种名义上的清洁，体现在一些不成文的规定和刹那间的考量上。你会慎重考虑是否让别人使用你的烟嘴；你会舔干净，并用夹克衫擦干净你自己的汤匙(它从来没洗过)，但是你不会去舔别人的汤盘。吃饭时，直接把鱼骨吐在地上是很没教养的，但这些骨头却被堆在桌上——下一拨人肯定会把它们尽数扫落。剩菜残羹最终会落到地上，但即便如此，这也是体现了礼节和人类自尊的一个实例：新进来的人当然会和前一拨人一样，想要在干净的桌子上吃东西。正是以这种方式，囚犯们依循他们自己的一套规则，制定了与所处环境相关的清洁标准。

然而，在某些情况下，在肮脏世界里保持干净的不确定感会被打破。当伊凡·杰尼索维奇因发烧而进入了(相对)干净的医务室环境，他当下就被"自己不干净"这种感觉所压倒。就像在奥斯威辛实验室里的莱维一样，伊凡被自己蓬乱的外表和"干净整洁的房间"之间的反差所震撼。他像面见当权者一样脱下帽子，不安地坐在靠墙长凳的最边上，"不自主地强调，他不熟悉这个地方，他来这儿是为了处理些小事"——就像是准备着要从他自身或者明显"干净"的医务人员处逃走。[1]

洁净性与非世俗的生活

肮脏、责任和个人身份之间的相互依赖，是身体清洁与道德洁净之间的著名象征关系的起点。清洁是文化、负责任的行为以及诚实，但它也可能标志着愚钝和浅薄的想法，这些想法只专注于物质世界，而贬损了精神的价值。相反，缺乏清洁可能被认为是野蛮的，但是当它变成一种禁欲修行的形式时，禁欲者让自己与每一种世俗关切（包括个人卫生）都保持距离；俄国革命前的“圣愚者”（holy fools）就是例证。[2]

这种禁欲修行的形式大概从历史上可以追溯到新柏拉图主义的思想，即把自己从身体中解放出来（尽管最伟大的新柏拉图主义者普罗提诺是洗澡的；常见的相反观点则可以追溯至波菲利的传记，在其中他只是说他敬爱的老师不去公共澡堂）。[3] 在这方面，我们应该再想一想拉丁词 sordidus 和 sordere。在古罗马，这些表达

① Alexander Solzhenitsyn, *One Day in the Life of Ivan Denisovich*, trans. Ralph Parker (New York, 1963), www. kkoworld. com accessed 31 May 2016, at p. 12.

② 关于禁欲主义，见 Jerzy Faryno, ‘Neskol’ko obščih soobraženij po povodu konceptov “grjaznyj/čistyj”’, *Studia Litteraria Polono-Slavica*, iv (1999), pp. 59-62.；关于“圣愚者”，见 Ewa Majewska Thompson, *Understanding Russia: The Holy Fool in Russian Culture* (Lanham, MD, 1987)。

③ Pierre Hadot, *Plotinus or the Simplicity of Vision* (Chicago, il, 1998).

指的是如下行为：穿着未洗的衣服，没刮胡子，以及，通常认为是服丧标志的蓬垢外表。例如，一位家人去世了，或者，被指控做了一些严重的不法勾当，将会使你处于一种例外状态。相反，purus（洁净）则被用于形容一个人已经服完丧或在法庭上证明了自己的清白。

忽视清洁作为一种禁欲修行，是基于这样一种观念，即你的关注应当集中在你的内在或精神生活上，而不是外在生活。因此，在有意识地反对拉比律法的时候，基督声称，人不会因为用没洗的手吃东西而变得不洁净。但凡进入口中的东西，到了一定时候自然会排出来；但从口中出来的，则可能会玷污人——也就是那些说谎话和恶言的人。① 这种精神洁净的逻辑压倒了日常的清洁要求，剥夺了它们可能有的任何有效性。

《创世记》的开头部分可能被视为基督教文明世界观的一种表达，其中包含了我们对物质文化的模糊态度的一些有趣表述。上帝，至高无上的建筑师，把伊甸园交给男人和女人去"耕耘和看管"；他告诉他们要生养众多，遍满这地。② 然而，任何可用于这些任务的手段似乎都是可疑的。辨善恶的知识是禁果；劳作和分娩是加之于人类的惩罚。《旧约》的其余部分颂扬了正义、勤劳和家庭的价值，就像上帝应许亚伯拉罕将成为大族的父一样。③ 但人们的印象仍然是，从根本上说，人类历史作为一个整体是一件相当可疑的事情。文化历史学家伊贡·弗里德尔（Egon Friedell）注意到这种模

① 《马太福音》15 章 10-20 节（NRSV）。
② 《创世记》2 章 15 节；《创世记》1 章 28 节（NRSV）。
③ 《创世记》17 章 5 节（NRSV）。

糊性，并对此有所回应。

几千年来波涛轰鸣的历史浪潮中，有一种安慰和警告的声音：人类的王国不属于这个世界。但除此之外，咆哮着另一种声音：这个充斥着光辉与阴暗的世界是你们的，它属于人类；它是你们的作品，你们也是它的作品；你们无从逃脱。即使能，你们也不应该逃脱。你们必须忠于它被创造出来的样子，无论是可怕的，抑或是奇妙的。这种悬而未决的不和谐正是世界历史的主题。[1]

维特根斯坦在他的《战时笔记》中写道："通常观察事物的方式，可以说就是于众事物之中去观察对象。"但是，他继续说，从永恒的角度来观察它们，"sub specie aeternitatis"，就是要"从外部看它们。用这种方法来观察事物，它们以整个世界作为背景"。[2] 用这样的方式提出对比，也让我写作本书的目的更易于理解，因为这种理念正是"于众事物之中"去观察事物和实践，或者能更进一步搞明白于众事物之中去观察事物和实践意味着什么，因为甚至那也是一个值得被认真对待的问题。

① Egon Friedell, *Kulturgeschichte des Altertums. Leben und Legende der vorchristlichen Seele*, Band i (Zürich, 1936), p. 3, my translation.

② Ludwig Wittgenstein, *Notebooks*, 1914-1916, ed. G. H. von Wright and G. E. M. Anscombe, trans. G. E. M. Anscombe (New York, 1961), p. 83e.